Eyaculación responsable

Gabrielle Blair

Eyaculación responsable

Una nueva forma de pensar el aborto y la educación sexual

indicios

Argentina – Chile – Colombia – España
Estados Unidos – México – Perú – Uruguay

Título original: *Ejaculate Responsibly*
Editor original: Workman Publishing
Traducción: Sergio Bulat

1.ª edición Mayo 2023

© 2022 by Gabrielle Blair
All Rights Reserved
Copyright © 2023 *by* Ediciones Urano, S.A.U.
© de la traducción 2023 *by* Sergio Bulat
Plaza de los Reyes Magos, 8, piso 1.º C y D – 28007 Madrid
www.indicioseditores.com

ISBN: 978-84-15732-61-7
E-ISBN: 978-84-19497-68-0
Depósito legal: B-4.435-2023

Fotocomposición: Ediciones Urano, S.A.U.

Impreso por: Romanyà-Valls – Verdaguer, 1 – 08786 Capellades (Barcelona)

Impreso en España – *Printed in Spain*

A la gente del futuro
que consiga vivir su vida sin la ansiedad
de los embarazos no deseados,
y a los eyaculadores responsables
que estoy segura de que pueden y van a hacer
eso posible.

ÍNDICE

UN REENFOQUE CRUCIAL:

SON LOS HOMBRES

Querido lector, antes de empezar, voy a hacer una rápida introducción, y una muy breve y sincera petición.

Soy creyente, madre de seis hijos, que accidentalmente hizo carrera como líder de pensamiento después de que abriera un blog, *Design Mom*, en 2006, y éste triunfara. Mi blog fue nombrado sitio web del año por la revista *Time*, ganó el Premio Iris al blog del año y escribí un libro que fue un éxito de ventas en el *New York Times* (también llamado *Design Mom*). He moderado cientos de debates sobre temas difíciles y he entrevistado a algunas de las personas más influyentes del mundo. Mis artículos escritos se citan y comparten a diario en todo el mundo. Y el más importante que he escrito, un artículo/ensayo sobre el aborto, es en el que se basa este libro.

En ese artículo, propuse varias ideas sobre las causas del aborto, que a menudo se pasan por alto. Mi afirmación principal es que el 99 % de los abortos son el resultado de embarazos no deseados, y que los hombres son los causantes de todos los embarazos no deseados. En la actualidad, las conversaciones sobre el aborto se centran exclusivamente en las mujeres, en los cuerpos de las mujeres y en si las mujeres tienen derecho a interrumpir un embarazo no deseado. Para quienes quieran reducir efectivamente el aborto (o prohibirlo por completo, como han hecho muchos estados), este enfoque en las mujeres es un error fundamental por dos razones: 1) porque hay datos claros de que la prohibición del aborto es ineficaz y 2) porque, de nuevo, los hombres son los causantes de todos los embarazos no deseados. Si te centras en las mujeres, estás perdiendo el tiempo.

¿No me crees que los hombres causan todos los embarazos no deseados? Déjame explicártelo. Doy veintiocho argumentos sencillos en este libro que explican cómo y por qué esto es cierto.

Un embarazo no deseado no se produce porque la gente tenga relaciones sexuales. Un embarazo no deseado sólo se produce si un hombre eyacula de forma irresponsable, si deposita su esperma en una vagina cuando él y su pareja no están intentando concebir. No es mucho pedir que los hombres eviten esto.

Hemos hecho recaer la carga de la prevención del embarazo en la persona que es fértil durante 24 horas al mes, en lugar de la persona que es fértil 24 horas al día, todos los días de su vida.

No sé lo que piensas sobre el aborto, pero has escogido este libro, así que asumo que el tema te interesa, ya sea como un derecho por el que luchar o un problema que resolver. Sean cuales sean tus sentimientos y creencias sobre el aborto, voy a pedirte que los dejes momentáneamente a un lado. Yo haré lo mismo (aunque quien tenga curiosidad por saber cuál es mi postura puede buscar en Google). ¿Por qué dejarlos de lado?

Porque los argumentos que expongo en este libro son un intento de alejar la conversación de los habituales debates a favor o en contra que han obstaculizado esta cuestión durante décadas. Voy a presentar un nuevo enfoque que espero que resulte novedoso y productivo.

Mi más sincero agradecimiento por estar abierto a una nueva forma de pensar.

Gabrielle Blair

UNA NOTA SOBRE EL LENGUAJE

Quiero que sepas desde el principio que los argumentos que presento están escritos desde una perspectiva heterosexual cisgénero. Aunque doy la bienvenida a todos los lectores y espero que todos aprendan algo de mis argumentos, aplicar un lenguaje inclusivo LGBTQIA+ a mis argumentos sólo serviría para borrar las experiencias singulares de las personas *queer*, trans y no binarias, ya sean personas que producen esperma o personas que pueden quedar embarazadas. En última instancia, mi argumento es el de una heterosexual cisgénero para las personas que mantienen relaciones sexuales heterosexuales cisgénero (repítelo diez veces más rápido).

Es importante dejarlo claro para que puedas gestionar tus expectativas antes de empezar, pero también porque quiero que todo el mundo se sienta cómodo aquí. Sí, se trata de una perspectiva heterosexual cisgénero, pero tal vez encuentres descripciones en estas páginas, sobre cosas como la dinámica del poder y las responsabilidades, que pueden servir para todas las perspectivas.

Ya que estamos en el tema del lenguaje, dos notas acerca del vocabulario: Cuando uso la palabra *eyacular*, me refiero a la eyaculación que libera semen. Cuando uso la palabra *aborto*, me refiero a los abortos electivos debidos a embarazos no deseados, que constituyen aproximadamente el 99 % de todos los abortos. No me refiero a los abortos, de embarazos deseados, como consecuencia de problemas de salud del feto en desarrollo o de la madre. Además, quiero reconocer que, aunque comprendo perfectamente que muchas personas experimentan una infertilidad temporal o permanente, los argumentos de este libro parten de la base de que tanto los hombres como las mujeres son plenamente fértiles.

LOS
ARGUMENTOS

LOS HOMBRES SON 50 VECES MÁS FÉRTILES QUE LAS MUJERES

Comienza con la biología. El cuerpo de una mujer produce un óvulo fértil durante aproximadamente 24 horas cada mes, desde la pubertad hasta la menopausia, que son unos treinta y cinco o cuarenta años. Como las 24 horas pueden empezar a mediodía de un lunes y terminar a mediodía de un martes, nos gusta decir que el óvulo es fértil durante dos días, pero en realidad son unas 24 horas.

El esperma de un hombre es fértil cada segundo de cada día. Y aunque sabemos que su esperma se vuelve menos eficaz a medida que envejece, un hombre puede producir esperma hasta el día de su muerte.

A los ochenta años, una mujer que haya menstruado durante cuarenta años habrá experimentado 480 días de fertilidad.

A los ochenta años, un hombre que alcanzó la pubertad a los doce años, habrá experimentado 24.208 días de fertilidad.

Hagamos las cuentas. 24.208 dividido entre 480… me llevo el 4… y resulta que, en comparación con las mujeres, los hombres tienen un poco más de cincuenta veces el número de días fértiles.

La mayoría de las veces que una mujer tiene relaciones sexuales, no puede quedar embarazada porque su óvulo no es fértil. Cada vez que un hombre tiene relaciones sexuales, puede potencialmente fecundar a alguien, porque siempre es fértil. En teoría, en un año cualquiera, un hombre fértil podría fecundar a una mujer fértil diferente (¡o a más de una!) cada día y provocar 365 (o más) embarazos. Durante ese mismo año, una mujer sólo puede experimentar un embarazo completo una vez.

Es importante reconocer desde el principio esta enorme disparidad en la fertilidad. No pretendo exagerar, es un simple hecho biológico. Pero apunta a la realidad de que los hombres y las mujeres no son dos partes igualadas en lo que respecta a la fertilidad y el potencial para causar un embarazo. Una de las partes es más fértil por varios órdenes de magnitud.

Esta realidad biológica fundamental, hasta ahora rara vez mencionada en los debates sobre los embarazos no deseados y el aborto, es en realidad el núcleo de la cuestión. Debería influir en todos los demás argumentos.

Una vez que reconocemos esta disparidad en la fertilidad, queda claro que el embarazo y el aborto no son «un asunto de mujeres». Los hombres no juegan un papel menor o de apoyo en el embarazo. La fertilidad continua de los hombres es el motor central de todos los embarazos no deseados.

LOS ESPERMATOZOIDES VIVEN HASTA 5 DÍAS

Una mujer con una fertilidad «normal» produce un óvulo aproximadamente cada cuatro semanas. Ese óvulo tiene una «ventana fértil» de aproximadamente 12 a 24 horas. Teniendo en cuenta lo estrecha que es esta ventana, el embarazo debería ser algo bastante fácil de evitar, ¿verdad?

Resulta que no es tan fácil.

En primer lugar, los espermatozoides viven más tiempo que los óvulos. Una vez depositados en el cuerpo de la mujer, los espermatozoides tienen una «ventana fértil» de hasta cinco días.

Supongamos que un hombre y una mujer tienen relaciones sexuales un lunes. Él introduce su esperma en la vagina de ella, y algunos de los espermatozoides acaban quedándose. A continuación, el hombre y la mujer viajan por trabajo a ciudades diferentes y no vuelven a verse durante una semana.

El lunes, el óvulo de la mujer no es fértil y los espermatozoides, que aún están dando vueltas, no pueden fecundarlo.

El martes, su óvulo no es fértil y el esperma no puede fecundarlo.

El miércoles, su óvulo no es fértil y el esperma no puede fecundarlo.

El jueves, algo cambia. El óvulo de la mujer alcanza el punto fértil, y los espermatozoides que aún rondan por su vagina descubren de repente que pueden atravesar la pared del óvulo, que era inexpugnable unas horas antes.

El jueves, la mujer queda embarazada producto de las relaciones sexuales que mantuvo el lunes.

Por tanto, es correcto decir que el óvulo de una mujer sólo es fértil durante 24 horas cada mes. Pero en realidad, para evitar un embarazo, el esperma debe mantenerse alejado del óvulo durante las 24 horas de fertilidad de la mujer, más cinco días antes. Para mayor seguridad, los médicos recomiendan mantener los espermatozoides alejados de los óvulos durante los siete días anteriores a la ventana de fertilidad de 24 horas.

Parece bastante sencillo: Mantener el esperma alejado de los óvulos durante una semana cada mes. Se puede hacer. Es evidente. Excepto por un gran problema: las mujeres no saben cuándo su óvulo va a ser fértil.

LA FERTILIDAD DE LAS MUJERES ES IMPREDECIBLE

No hay ninguna luz de neón que parpadee para avisar a la mujer de que su óvulo está listo para ser fecundado. No hay un despertador que suene. No hay un indicador incorporado que salte, como el temporizador de un pavo de navidad, que diga cuándo es fértil.

Hay formas de estimar la fertilidad como los cambios de temperatura, la sensación de lubricación que produce el cuello uterino, o la sensibilidad de los pechos. Una mujer con pechos doloridos puede estar ovulando. Puede ser. Tal vez. Posiblemente.

Algunas mujeres tienen ciclos menstruales que parecen ser tan precisos como un reloj, y pueden utilizar este ciclo fiable para calcular cuándo son fértiles. La orientación médica habitual es que la ovulación se produce catorce días después del inicio de la última menstruación, pero los datos no lo respaldan realmente, porque incluso los ciclos menstruales más fiables están sujetos a cambios. Una mujer puede, efectivamente, estar ovulando catorce días después del inicio de su última regla. Puede ser. Tal vez. Posiblemente.

Todas las señales físicas, los ritmos y el seguimiento de los ciclos no sirven de nada si tu cuerpo puede cambiar sin avisar, algo que todos los cuerpos tienden a hacer. Puedes intentar leer las señales físicas y utilizar una aplicación para seguir los cambios, pero nunca estarás totalmente segura de que lo has hecho bien.

Puede que pienses: Eso no puede ser exacto. No puede ser tan difícil predecir cuándo va a ovular una mujer. Pero lo es. Veamos un estudio realizado en 2020 sobre 32.595 mujeres y publicado en la revista científica *Human Reproduction Open*. El objetivo de la investigación era estudiar las distintas duraciones de los ciclos menstruales y descubrir cuándo se produce realmente la ovulación.

¡Vaya, vaya! Los resultados fueron sorprendentes: incluso entre las mujeres que querían quedarse embarazadas y se esforzaban por hacer un seguimiento de su fertilidad, el uso de la guía de ovulación de catorce días no era preciso. Algunos de los descubrimientos:

- El 31 % de las mujeres del estudio creían que su ciclo era de 28 días, pero sólo el 12 % de ellas tenía un ciclo real de 28 días.

- El 87 % de las mujeres tenían ciclos menstruales de entre 23 y 35 días.

- Más de la mitad de las mujeres (52 %) tenían ciclos que variaban en 5 días o más.

- En el caso de las mujeres que tuvieron un ciclo de 28 días, hubo una diferencia de 10 días en la ovulación, y lo mismo ocurrió con todas las longitudes de ciclo que se estudiaron.

El estudio concluye:

Aunque se pueda predecir la duración del ciclo, el día de la ovulación puede ser muy variable, lo que significa que no se puede predecir con exactitud la fase fértil utilizando únicamente la duración del ciclo.

Aunque la duración media del ciclo menstrual de una mujer es de veintiocho días, existe una considerable variación en la duración del ciclo, así como cambios en el propio ciclo personal de la mujer con el tiempo. También es probable que el momento de la ventana fértil sea muy variable.

Los resultados obtenidos ponen de manifiesto la singularidad de los ciclos menstruales de las mujeres.

El estudio también habla directamente de lo que significa que las mujeres utilicen aplicaciones para tratar de seguir la fertilidad:

Las aplicaciones para el seguimiento de la fertilidad se utilizan cada vez más entre las mujeres que buscan concebir, y muchas pretenden predecir la ovulación basándose únicamente en las características de la duración del ciclo, que pueden tener una precisión predictiva extremadamente baja. Estas aplicaciones también asumen que la ventana fértil de cada mujer tiene la misma duración, sin tener en cuenta la evidencia de que la duración de la ventana fértil difiere entre las mujeres.

En última instancia, intentar controlar la fertilidad de una mujer mirando el calendario o buscando signos físicos, o utilizando una aplicación, no es una forma sostenible de control de la natalidad. Es un esfuerzo arriesgado, cargado de las mayores consecuencias posibles. Existen pruebas de fertilidad, pero no resuelven el problema de la «ventana de fertilidad del esperma de cinco días». Las pruebas te dicen si la ovulación es inminente en el momento en que haces la prueba.

Pero no te dicen si vas a ovular la semana que viene o dentro de unos días.

Estas pruebas de fertilidad están diseñadas para las personas que están intentando un embarazo; no están diseñadas, ni son en absoluto prácticas, para las personas que intentan mantener los espermatozoides alejados del óvulo durante la ventana de fertilidad. Si la prueba es positiva y estás intentando un embarazo, significa: *¡Ten relaciones sexuales ahora mismo! ¡Estás a punto de ovular y puedes tener el esperma listo y esperando en tu vagina!*

Si estás tratando de evitar el embarazo, y la prueba de fertilidad es positiva, eso significa: *¡Ojo! Espero que no hayas tenido relaciones sexuales durante los últimos cinco días, y definitivamente tampoco las tengas en los próximos días.* No es tan útil.

La idea de utilizar las pruebas de fertilidad como método anticonceptivo puede sonar atractiva —sólo son 12 o 24 horas de fertilidad, ¿verdad?—, pero en la práctica, las mujeres tendrían que hacer la prueba muchos días cada mes para obtener un resultado realmente preciso, y ni siquiera así resolvería el problema de la longevidad de los espermatozoides de cinco días. Además, estas pruebas no ayudan a planificar con antelación: no predicen si vas a ovular en tu luna de miel, que tendrá lugar el mes que viene. Como dijo un médico especialista en fertilidad con el que hablé, «el seguimiento de los signos de fertilidad es realmente bueno si estás tratando de quedarte embarazada, pero como la ovulación puede saltarse o retrasarse sin darte signos externos a los que seguir, no es bueno para prevenir el embarazo y no se recomienda EN ABSOLUTO su uso como método anticonceptivo».

¿Todavía no crees que la ventana de fertilidad de una mujer sea tan difícil de calibrar? No dudes en hablar con mujeres que han pasado por una docena de rondas de IIU (inseminación artificial) con un coste medio de 1.300 dólares por cada intento.

Nos vemos obligados a concluir que el seguimiento de la fertilidad de una mujer es complicado y a menudo inexacto. Y, sin embargo, como estamos tan centrados en el cuerpo de la mujer, dedicamos mucha energía a averiguar cuándo se va a producir ese periodo de 24 horas de fertilidad del óvulo.

Al mismo tiempo, ignoramos el hecho de la fertilidad de los hombres. No hacemos ningún seguimiento de la fertilidad de los hombres. No hay aplicaciones para ello. No hay pruebas de venta libre en la farmacia. Porque no es necesario; ya sabemos cuándo son fértiles los hombres. Los hombres son fértiles todo el día, todos los días.

Tenemos toda una industria de prevención de embarazos construida en torno al breve y escurridizo periodo de fertilidad mensual femenina, y nada, absolutamente nada ni siquiera parecido, que aborde la siempre persistente fertilidad masculina. Nos centramos en el tema equivocado.

Estoy tratando de encontrar una analogía de lo poco sensato que es esto: Imagina que tienes un par de vecinos vándalos que acosan tu propiedad. Uno de ellos deja una bolsa de caca de perro en tu porche en mitad de la noche, todas las noches. Así que cuando te levantas y sales, cada mañana siempre hay una bolsa de caca de perro en tu porche. Es asqueroso. Huele horrible. Y es implacable. A veces te olvidas de que está ahí y accidentalmente pisas la bolsa y te mancha el zapato de caca de perro. Y cada día tienes que recoger la bolsa y tirarla.

Ahora imagina que hay un segundo vándalo que deja una bolsa de comida podrida en tu porche una vez al mes. Es imprevisible, nunca sabes exactamente cuándo aparecerá, pero ocurre una vez al mes. También es asqueroso y maloliente. Y tienes que deshacerte de ella.

En este caso, tu mayor problema es el chico de las cacas nocturnas. Claro que también te gustaría detener al chico de la comida podrida, pero el de las cacas es implacable. Viene todas las noches. Resolver el problema del chico de las cacas supondría un gran alivio.

En esta analogía, ¿qué diríamos del propietario que responde a los vándalos ignorando al de la caca y, en su lugar, trabajando fastidiosamente para averiguar exactamente cuándo aparecerá el chico de la comida podrida cada mes? (*El mes pasado apareció a medianoche del día 13, y hace dos meses, apareció a las 6 de la mañana del día 14. ¿Así que tal vez este mes, vendrá el 15? Pero, de nuevo, hace tres meses, vino el día 5. Hum. Todavía no veo un patrón, pero estoy seguro de que puedo resolver esto*). Diríamos que es una respuesta ridícula.

Sé que no es una analogía perfecta, pero creo que ayuda a señalar que nuestro enfoque en la fertilidad de las mujeres, en lugar de la fertilidad de los hombres, está equivocado cuando se trata de la prevención del embarazo.

Tratamos la eyaculación como algo que ocurre aleatoriamente, que no es intencional, que es imposible de anticipar o predecir.

Y tratamos la ovulación como si pudiera ser señalada con mucha antelación y fácilmente predecible.

De alguna manera, hemos confundido las dos cosas.

LA OVULACIÓN ES INVOLUNTARIA, LA EYACULACIÓN NO

Las mujeres no pueden controlar cuándo son fértiles. Las mujeres no pueden elegir cuándo empieza o termina la ovulación. La mujer no puede controlar el movimiento de su óvulo. Durante las relaciones sexuales, la mujer no puede sacar su óvulo de su cuerpo y colocarlo en el de otra persona. Si hay espermatozoides cerca y el óvulo es fértil, el óvulo se activará e interactuará con los espermatozoides, ayudándoles a penetrar en la superficie del óvulo, pero hasta entonces, el óvulo se queda donde está y espera. No sale del cuerpo en busca de una sustancia que pueda fecundarlo.

Los hombres pueden controlar cuándo eyaculan. Los hombres pueden controlar la frecuencia con la que eyaculan. Los hombres pueden elegir activamente sacar el esperma de su

propio cuerpo y colocarlo en el de otra persona. Y los espermatozoides de los hombres son activos. Tras la eyaculación,
los espermatozoides buscan inmediatamente un óvulo para
fecundarlo. La ovulación y la implantación son procesos invo-
luntarios.

La ovulación se produce tanto si hay sexo como si no. La
ovulación se produce aproximadamente una vez al mes sin que
tenga que producirse un embarazo. La ovulación sólo da lugar
a un embarazo cuando el hombre decide eyacular y añadir su
esperma.

Los espermatozoides fecundan. Los óvulos son fecundados.

La ovulación es involuntaria. La eyaculación es voluntaria.

LOS ANTICONCEPTIVOS PARA LAS MUJERES SON DE DIFÍCIL ACCESO Y USO

La anticoncepción femenina es un milagro moderno que ha cambiado para mejor la vida de innumerables mujeres.

Las estimaciones de las Naciones Unidas de 2019 muestran que 842 millones de personas en todo el mundo utilizan métodos anticonceptivos modernos. (Los métodos modernos incluyen la píldora y otras opciones hormonales de control de la natalidad, los DIU y los procedimientos de esterilización como las ligaduras de trompas). En Estados Unidos, el 90 % de las mujeres casadas han utilizado métodos anticonceptivos. El 93 % de las mujeres solteras con parejas de larga duración han utilizado métodos anticonceptivos. El 99 % de las mujeres que se identifican como creyentes —protestantes, evangélicas y católicas— han utilizado métodos anticonceptivos. El 88 % de todas las mujeres han utilizado métodos anticonceptivos. Incluso el 81 % de las mujeres de EE. UU. que no tienen seguro médico se las arreglan para utilizar métodos anticonceptivos.

No creo que conozca personalmente a una mujer que no haya usado métodos anticonceptivos. Eso incluye a las mujeres que conozco que no son sexualmente activas y a las que no tienen o no están teniendo relaciones sexuales con hombres, porque los anticonceptivos pueden recetarse por muchas razones de salud más allá de la prevención del embarazo. Estoy agradecida por el control de la natalidad. Agradezco que haya opciones. Agradezco que funcione bien para muchas mujeres. Estoy agradecida de que veo muy poco estigma o vergüenza en torno a la toma de anticonceptivos. Pero no debemos olvidar que el uso de anticonceptivos es una responsabilidad, y a menudo una carga. Las opciones de control de la natalidad hormonal para las mujeres —empezando por la píldora— existen desde hace más de sesenta años y son tan comunes que hablamos del control de la natalidad como si fuera realmente sencillo de conseguir y utilizar. Basta con comprar un paquete de píldoras como se compra un frasco de ibuprofeno, pim-pam, fácil.

Pero eso no es cierto. No es cierto en el caso de la píldora, y no es cierto en el caso de cualquier forma de control de la natalidad para las mujeres. Los anticonceptivos femeninos —píldora, parche, anillo, inyección, DIU— requieren en general una receta. Para las mujeres, esto significa que el acceso a cualquier forma de control de la natalidad común comienza con un médico y un examen físico.

No es gran cosa, ¿verdad? Es sólo una cita con el médico. Dependiendo donde vivas, todo lo que tienes que hacer es encontrar un proveedor de atención médica que acepte nuevos pacientes; tener un seguro médico; comprobar que el médico acepta tu seguro; esperar seis semanas para la próxima cita disponible; reunir el dinero para el copago; ausentarte del trabajo, faltar a la escuela o encontrar una guardería para asistir a la cita; y luego tumbarte en la mesa de exploración con las piernas en los estribos mientras el médico explora tus partes más sensibles con instrumentos médicos de metal frío. Después, tendrás que buscar una farmacia y hacer cola durante varios minutos para que te den el medicamento. O, si tienes la suerte de tener una dirección fija, puedes abrir una cuenta en una farmacia en línea y pedir que te envíen los anticonceptivos (asegúrate de controlar tu cuenta para comprobar que las entregas se realizan a tiempo y que la receta está actualizada).

Si el anticonceptivo que el médico ha recetado no funciona, si el método anticonceptivo no es adecuado para ti, tendrás que pedir más citas para discutir otras opciones o resolver los problemas. Y, dependiendo del tipo de método anticonceptivo que elijas, podría haber citas de seguimiento para que te coloquen un DIU o te pongan una inyección trimestral. Si un método anticonceptivo te funciona bien, tendrás que repetir este proceso de citas con el médico al menos una vez al año para mantener la prescripción actualizada y, si estás tomando la píldora, el parche, o el anillo, tendrás que controlar tu cuenta de farmacia en línea y actualizarla con la nueva prescripción o ir a la farmacia regularmente para que te den el medicamento. Oh. No olvides que, si te mudas a otra ciudad, tendrás que volver a empezar el proceso, empezando por la búsqueda de un nuevo médico.

Si eres menor de edad y quieres una receta anticonceptiva, es probable que tengas que involucrar a tus padres, lo que para algunas puede ser aterrador o imposible. Si eres mayor de edad e intentas conseguir un método anticonceptivo por primera vez por tu cuenta, también puede ser aterrador.

Si actualmente no tienes pareja sexual, puedes aplazar la cita con el médico hasta nuevo aviso o dejar que caduque la prescripción. Entonces tendrás que volver a empezar si vuelves a ser sexualmente activa en el futuro.

Para complicar aún más las cosas a quienes esperan evitar embarazos no deseados, hay personas que trabajan activamente para dificultar aún más el acceso a los anticonceptivos. En julio de 2020, el Tribunal Supremo de Estados Unidos dictaminó que los empleadores privados que tienen objeciones religiosas o morales al control de la natalidad no están obligados a incluir opciones de anticoncepción sin coste como parte de su plan de seguro médico para empleados. Luego, en junio de 2022, tras la anulación del caso Roe contra Wade, el juez del Tribunal Supremo Clarence Thomas señaló que el caso Griswold contra Connecticut, que legalizaba el uso de anticonceptivos por parte de las parejas casadas, también podría ser anulado.

Así que sí, conseguir y mantener los anticonceptivos para las mujeres es más complicado y desafiante de lo que nos gusta pensar. Pero una vez que la mujer ha conseguido su prescripción, afortunadamente todo va sobre ruedas.

¡Es una broma!

La lista de efectos secundarios de la píldora/parche/anillo/inyección es larga y grave, e incluye depresión, fatiga, dolor de cabeza, insomnio, cambios de humor, náuseas, dolor en los senos, vómitos, aumento de peso, acné, hinchazón, coágulos de sangre, infarto de miocardio, hipertensión, cáncer de hígado y derrame cerebral. Además, dependiendo del momento del ciclo menstrual en que se encuentre la mujer, pueden pasar de dos a siete días antes de que el anticonceptivo sea eficaz. Por lo tanto, no se puede hacer una receta y estar protegida al instante.

En el caso de los DIU de cobre, algunas mujeres informan de un sangrado diario importante durante meses o más de un año. Esto implica el uso de compresas, tampones o la gestión de una copa menstrual todos los días durante un periodo de tiempo indeterminado, además de los consiguientes lavados y cambios de ropa de cama. Todo ello requiere tiempo, energía y recursos, y se acumula rápidamente. En el caso de los DIU hormonales, el sangrado menstrual puede ser imprevisible: para algunas se reduce a casi nada, para otras supone periodos más largos pero con menos sangrado. Otros efectos secundarios del DIU pueden ser: dolores de cabeza, acné, sensibilidad en los pechos, cambios de humor, dolor pélvico y aumento de los dolores menstruales. Si estás considerando la posibilidad de ponerte un DIU, diviértete eligiendo entre un DIU con hormonas y sus efectos secundarios y un DIU que provoque menstruaciones superabundantes e intensas.

También hay que prestar atención, porque hay medicinas que afectan a la eficacia de los anticonceptivos hormonales, como ciertos antibióticos, antifúngicos y fármacos contra las náuseas.

No todas las mujeres experimentan los efectos secundarios, y no a todas les molestan los efectos secundarios que experimentan. Pero para muchas, los efectos secundarios de los anticonceptivos son un impedimento. Y deberían serlo.

En realidad, a la mayoría de las mujeres no se les explica mucho sobre los riesgos de los anticonceptivos, y si experimentan efectos secundarios, se espera que vivan con ellos. Sin quejas, por favor. Así son los anticonceptivos. Millones de mujeres los toman, así que lo que sea que estés enfrentando no puede ser tan malo. Si quieres ser sexualmente activa, éste es el precio que tienes que pagar. ¡Acéptalo!

Pensemos en la vacuna COVID-19 de Johnson & Johnson, que se suspendió durante diez días cuando se descubrió un riesgo de coágulos de sangre. Seis personas de los siete millones que habían recibido la vacuna de Johnson & Johnson desarrollaron graves coágulos de sangre. Una de ellas murió. En aquel momento, daba miedo leer los titulares, aunque el riesgo de coágulos sanguíneos por la vacuna de Johnson & Johnson es inferior a uno entre un millón.

En cambio, las formas habituales de control de la natalidad de las mujeres conllevan un riesgo mucho mayor de formación de coágulos: los anticonceptivos orales triplican el riesgo de formación de coágulos. Según la FDA, el riesgo de que las usuarias de anticonceptivos desarrollen un coágulo sanguíneo grave es de tres a nueve de cada 10.000 cada año (y 327 millones de personas toman anticonceptivos hormonales en todo el mundo).

Basándonos en lo que sabemos ahora, el control de la natalidad es más arriesgado que cualquiera de las vacunas COVID-19. Y, sin embargo, se prescribe a diario sin dudarlo, a menudo a partir de los trece o catorce años (a veces antes).

Otro punto: Muchas opciones de control de la natalidad requieren que la mujer absorba hormonas y/o sufra efectos secundarios, incluso en los días en que no tiene relaciones sexuales.

Imaginemos cómo funciona esto en la vida real. Ejemplo uno: Una mujer está casada y toma la píldora. Su marido trabaja fuera de la ciudad durante los próximos tres meses, pero puede venir a casa algunos fines de semana. La mujer toma la píldora —hormonas y efectos secundarios— todos los días durante esos tres meses, aunque ella y su marido rara vez puedan tener relaciones sexuales, si es que las tienen.

Segundo ejemplo: Una mujer soltera está saliendo con alguien y utiliza la píldora para prevenir el embarazo. Tras una ruptura, tiene que decidir: ¿Debe seguir tomando la píldora? ¿Y si encuentra enseguida al hombre de sus sueños? ¿Y si quiere ser sexualmente espontánea? Decide seguir tomando la píldora (ingiriendo hormonas a diario y soportando los efectos secundarios) por si acaso, pero no acaba teniendo relaciones sexuales con nadie durante varios meses.

¡Hombre!, considera lo que tu novia/esposa/pareja está haciendo por ti. Ella es fértil el 3 % del tiempo y aborda su fertilidad el 100 % del tiempo, tenga o no relaciones sexuales.

La buena noticia es que el control de la natalidad es tan esencial para la mayoría de las mujeres que acuden a la cita con el médico con gusto. Como prueba de que las mujeres están firmemente decididas a ser responsables con el control de la natalidad, a pesar de los gastos, los inconvenientes, las molestias diarias, el mantenimiento y los efectos secundarios, considera que la friolera del 90 % de los 8.000 millones de dólares del mercado de control de la natalidad está compuesto por opciones de control de la natalidad compradas por mujeres.

Nota n.° 1

En conversaciones mantenidas sobre la píldora, me he dado cuenta de que un número desorbitado de personas parte del supuesto de que una mujer sólo toma la píldora justo antes de tener relaciones sexuales, y que, si no las tiene ese día, no necesita tomarla. Se la imaginan como una aspirina o un ibuprofeno para el dolor de cabeza: sólo la tomas cuando te duele la cabeza. Pero la píldora no funciona así. Hay que tomarla todos los días, sin importar lo que ocurra, o no funciona, y es posible que haya que tomarla durante una semana completa después de empezar a tomarla antes de que sea efectiva.

Nota n.º 2

Quizá te sorprenda saber que el modo en que las mujeres toman la píldora es innecesariamente complicado. En un artículo para *The Conversation* titulado «La forma de tomar la píldora anticonceptiva tiene más que ver con el papa que con tu salud», Susan Walker detalla parte de la historia de la píldora, incluida la forma en que las píldoras anticonceptivas simulan un calendario de menstruación.

¿Cómo? Las píldoras anticonceptivas estándar se toman durante veintiún días, seguidos de una pausa de siete días, durante la cual la mujer toma una píldora de azúcar o un placebo (el paquete estándar de veintiocho píldoras contiene siete píldoras de placebo) y experimenta un sangrado vaginal. Así, las mujeres que toman la píldora tienen lo que parece un «periodo» cada mes. Pero este periodo está fabricado y no es ni siquiera un poco necesario. Cuando una persona deja de tomar la píldora durante una semana y toma el placebo en su lugar, los niveles hormonales descienden, lo que hace que el revestimiento del útero se desprenda. Pero no es lo mismo que el sangrado menstrual —el cuerpo no está expulsando un óvulo— y, técnicamente, este «periodo» se denomina *sangrado de abstinencia*.

Aparentemente, la pausa de siete días y su falso periodo fue diseñada en la píldora como un «intento de persuadir al papa para que aceptara la nueva forma de contracepción como una extensión del ciclo menstrual natural». Este intento no tuvo éxito, y el papa sigue prohibiendo la anticoncepción en la mayoría de los casos. Pero la pausa de siete días sigue formando parte de la píldora, y esta complicación innecesaria aumenta las posibilidades de cometer errores, errores que aumentan el riesgo de un embarazo no deseado. Un gran recordatorio de que casi todo lo relacionado con el control de la natalidad es excesivamente complicado y difícil, y los hombres en el poder son en gran parte responsables de estas complicaciones.

LOS ANTICONCEPTIVOS PARA HOMBRES SON DE FÁCIL ACCESO Y USO

Los hombres tienen dos opciones para el control de la natalidad: los preservativos o condones, y la vasectomía.

Ambas son más fáciles, más baratas, más convenientes y más seguras que las opciones de control de la natalidad para las mujeres.

Los preservativos se venden en todas las tiendas de comestibles, todas las farmacias, todas las gasolineras, todos los supermercados. Hay máquinas expendedoras de preservativos en los clubes nocturnos y en baños públicos. Se pueden comprar las 24 horas del día, los 365 días del año. Puede que sean el producto más accesible de todo el país.

Los preservativos son asequibles. En Estados Unidos, el precio medio de una caja de treinta preservativos es de 10 dólares. Y en los cincuenta estados puedes incluso acceder a preservativos de forma gratuita. Puedes pedirlos por Internet y pedir que te los envíen a casa, o puedes recogerlos (sin necesidad de receta, ni permiso, ni preguntas) en clínicas y otras organizaciones sanitarias. Pásate por la clínica de salud del campus de tu universidad local, y a menudo encontrarás un cuenco de preservativos gratuitos para llevar.

Los preservativos son prácticos. No requieren una cita con el médico ni un examen físico invasivo de las partes más sensibles del cuerpo, no necesitan receta médica y son fáciles de encontrar. Pueden comprarse con antelación y guardarse de tres a cinco años. Así que puedes comprar una caja de preservativos y estar preparado sin tener que pensar —o hacer— mucho al respecto.

Hay muchas variedades de preservativos. Hay diferentes tamaños, diferentes materiales, diferentes opciones de lubricación e incluso diferentes sabores. Si los hombres descubren que no les gusta la experiencia del sexo con una determinada marca de preservativos, pueden probar otras hasta encontrar su favorito. Si el hombre o su pareja son alérgicos al látex, pueden optar por otros materiales. Y solucionar los problemas de los preservativos no requiere múltiples citas con el médico.

Los preservativos facilitan la limpieza. Los preservativos guardan todo el semen en un pequeño y práctico saco, lo que significa que el semen no caerá en la ropa de cama ni en la ropa de vestir y no goteará del cuerpo de la mujer mientras se desplaza hasta el baño (¡bono!).

Los preservativos sólo se utilizan cuando son necesarios. Los hombres pueden utilizar un preservativo cuando vayan a penetrar a su pareja, y no un segundo antes. Si no tienen relaciones sexuales ese día, no necesitan preservativo. Si creen que pueden tener relaciones sexuales ese día, pero resulta que no las tienen, no necesitan preservativo. Si están lejos de su pareja y no pueden tener relaciones sexuales, no necesitan preservativo. Y por último, los preservativos funcionan. Cuando se utilizan correctamente, los preservativos tienen una eficacia del 98 % en la prevención del embarazo. Y no sólo eso, los preservativos tienen un doble poder: pueden prevenir el embarazo y las enfermedades de transmisión sexual (ETS). Los anticonceptivos para mujeres no tienen ese mismo superpoder para combatir las ETS.

Lo que no tienen los preservativos es una lista de efectos secundarios. No provocan depresión, cambios de humor, coágulos de sangre, insuficiencia hepática, aumento de peso, acné, derrames cerebrales ni nada de lo que figura en la lista de efectos secundarios de los anticonceptivos hormonales.

¿Un método anticonceptivo altamente eficaz, seguro, asequible y de fácil acceso? ¿Que se pueda adquirir en abundancia? ¿Que sólo hay que utilizar durante un breve periodo de tiempo durante las relaciones sexuales y que no tiene ningún efecto secundario? Cinco estrellas para los preservativos.

¿No te gustan los preservativos? Los hombres también tienen la opción de hacerse una vasectomía. La vasectomía es segura, eficaz y muy reversible. La vasectomía es un procedimiento ambulatorio rápido con anestesia local que se realiza en la consulta del médico y no requiere hospitalización.

La recuperación de una vasectomía es fácil, y la mayoría de los hombres vuelven al trabajo dos o tres días después y pueden reanudar la actividad física en tres o siete días. La recuperación es esencialmente como sentarse frente al televisor con una bolsa de hielo. (No quiero restar importancia a las molestias y el dolor, pero si te hace dudar, me gustaría tomarme un momento para recordarte que las opciones de anticoncepción femenina, utilizadas por millones de mujeres en nuestro país y en todo el mundo, tienen efectos secundarios bien conocidos que pueden ser brutales y graves, y sí, también incluyen dolores).

Una vez más, las vasectomías son muy seguras, suelen estar cubiertas por el seguro médico y son la opción anticonceptiva más fiable para los hombres, con un 99,99 % de efectividad. Más buenas noticias: Los médicos tienen claro que después de una vasectomía no experimentará ninguna diferencia en su función sexual o en su placer. Podrá seguir teniendo una erección y eyacular, y todo se sentirá igual.

Algo que hay que tener en cuenta: después de la vasectomía, pueden quedar algunos espermatozoides en el organismo que se eliminarán con las futuras eyaculaciones. Puedes pedirle a tu médico que analice una muestra de semen después de doce semanas o veinte eyaculaciones para asegurarse de que está libre de espermatozoides. Hasta entonces, planifica el uso de un método anticonceptivo de reserva. Los preservativos que tienes en el cajón te servirán.

Como se ha mencionado, las vasectomías son altamente reversibles. Se sabe que las tasas de éxito de la reversión rondan el 75 % para las vasectomías revertidas en un plazo de tres años, con menos éxito a medida que aumenta el tiempo entre la vasectomía y el intento de reversión, pero, afortunadamente, las cosas están mejorando. El Centro Médico de Stanford informa de que, dependiendo del tipo de técnica utilizada, su tasa de éxito de la reversión de la vasectomía es del 95 % y aclara que el tiempo transcurrido entre la vasectomía y la reversión no afecta a ese porcentaje de éxito. El Centro Internacional para la

Reversión de la Vasectomía en Arizona, dice: «Nuestros expertos pueden lograr un éxito probado y publicado de hasta el 99,5 %». En cuanto a las reversiones de vasectomías, estamos claramente en una trayectoria positiva.

Ten en cuenta que, a pesar de estas mejoras en las reversiones, los médicos siguen desaconsejando a los hombres que se sometan a una vasectomía que sepan que van a querer revertir; después de todo, es posible que el paciente no pueda encontrar un médico experto en el procedimiento, y los procedimientos de reversión son actualmente bastante caros. Pero podemos tener la esperanza de que esto cambie a medida que el número de reversiones exitosas siga mejorando.

Si se mejoran las técnicas de vasectomía y reversión, los hombres podrían hacerse una vasectomía cuando estén preparados para ser sexualmente activos y luego revertirla de forma fiable si ellos y su pareja quieren concebir. Esto ya ocurre a veces; no es infrecuente que un hombre se haga una vasectomía cuando cree que ya no va a tener hijos, para luego revertirla cuando él y su nueva pareja quieren tener un hijo.

Trabajar para que las vasectomías y las reversiones sean una opción anticonceptiva común y fiable para todos los hombres es un objetivo que merece la pena. Por supuesto, si el éxito de la reversión es una preocupación, los hombres siempre pueden almacenar su esperma antes de la vasectomía.

Las opciones de control de la natalidad para los hombres son muy eficaces, además de mucho más fáciles, seguras, cómodas, accesibles y asequibles que las opciones de control de la natalidad para las mujeres. Por lo tanto, lo que se espera es que el hombre utilice un preservativo cada vez que tenga relaciones sexuales. Y si un hombre es profundamente reacio al preservativo, debería ser un hecho necesario que se hiciera una vasectomía.

Nota n.º 1

Los hombres también tienen un control de la natalidad incorporado. Se llama el «coito interrumpido», *coitus interruptus* o simplemente acabar fuera. Es posible que quieras gritarme y decirme que es irresponsable sugerir el método de extracción como método anticonceptivo, y entiendo perfectamente tu punto de vista. Pero sugiero que su efectividad es mucho mejor que nada. La sección de la página web de *Planned Parenthood* dice:

> *De cada 100 personas que utilizan el método de interrupción a la perfección, 4 se quedan embarazadas. Pero la interrupción puede ser difícil de hacer a la perfección. Así que, en la vida real, unas 22 de cada 100 personas que usan el método se quedan embarazadas cada año, es decir, aproximadamente 1 de cada 5.*

Por lo tanto, el *coitus interruptus* es un 96 % efectivo cuando los hombres lo hacen perfectamente. Me doy cuenta de que el 96 % no es tan bueno como la eficacia de la píldora (99 %) o los preservativos (98 %) o una vasectomía (99,99 %), pero sigue siendo bastante eficaz.

Sin embargo, tal y como confirmó *Planned Parenthood*, la interrupción puede ser difícil de realizar a la perfección, por lo que el método sólo es eficaz en un 78 %. Eso no es tan reconfortante como el 96 %, pero sigue siendo mucho mucho mejor que no hacer nada en absoluto.

Al conocer esa estadística del 78 %, un hombre responsable no respondería: *Bueno, el método no es lo suficientemente efectivo, así que no me molestaré en intentarlo.* Sino más bien: *Será mejor que aprenda qué errores hay que evitar para hacerlo perfectamente. Esto es un asunto serio. No puedo jugar con los intereses y la vida de los demás. Parte de mi conversión en adulto significa que tengo que saber cómo interrumpir eficazmente y hacer todo lo que pueda, como usar preservativos o considerar una vasectomía, para asegurarme de que no se llegue a eso en primer lugar.*

¿Es esto demasiado pedir? Esperamos que las mujeres utilicen sus métodos anticonceptivos a la perfección, que se acuerden de tomar la píldora a diario, que cumplan con las citas médicas y las recetas. ¿Por qué no deberíamos esperar que los hombres utilicen también sus métodos anticonceptivos a la perfección?

Nota n.° 2

Sí, los preservativos internos, o preservativos para mujeres, existen, pero son menos eficaces, más caros y más difíciles de encontrar que los preservativos masculinos, y en algunas zonas requieren receta médica. Pueden ser ruidosos y sólo están disponibles en una talla. Por estas razones, no son una opción popular para la prevención del embarazo. Los preservativos para hombres son, con diferencia, el método anticonceptivo más fácil, seguro y barato.

Nota n.° 3

Importante: Cuando los preservativos no se utilizan correctamente, no son tan eficaces. Esto nos lleva a preguntarnos: ¿Es justo esperar que los hombres utilicen los preservativos correctamente? La respuesta es un rotundo sí. Si se espera que las mujeres aprendan a utilizar correctamente su complicado método anticonceptivo, podemos esperar lo mismo de los hombres en lo que respecta a su opción, mucho más fácil de usar.

Para aprender a ponerse y quitarse un preservativo correctamente, el hombre debe practicar. La práctica es necesaria para encontrar su ajuste correcto y su preferencia de material. También es necesario practicar para descubrir las técnicas de lubricación. (Por ejemplo, añadiendo unas gotas de lubricante dentro del preservativo). Los usuarios de preservativos que han tenido éxito afirman que, una vez resueltas las cuestiones de tamaño, materiales y lubricación, apenas podían distinguir entre el sexo con preservativo y el sexo sin él.

De nuevo: Si se espera que las mujeres aprendan a utilizar correctamente los anticonceptivos, lo mismo puede esperarse de los hombres.

LA SOCIEDAD SE AFERRA A LA IDEA DE QUE LOS HOMBRES ODIAN LOS PRESERVATIVOS

Los condones son sencillos, fáciles y cómodos, así que ¿por qué los hombres no los utilizan cada vez que tienen relaciones sexuales? Cada vez que he planteado esta pregunta a un público, la respuesta es rápida y constante: Los hombres odian los preservativos.

No creo que nadie discuta la premisa de que existe una percepción generalizada en la cultura estadounidense de que los hombres prefieren el sexo sin preservativos. ¿Por qué esta preferencia? Porque nos han dicho (en libros, en películas, en memes) que no se siente tan bien como el sexo sin condón. (Es decir, que no se siente tan bien para los hombres. Lo que se siente para su pareja no entra realmente en la discusión).

Si los hombres asumen que el sexo con condón no se siente tan bien como el sexo sin condón, entonces es fácil imaginar que un hombre podría usarlo sólo si una mujer insiste, y sólo si no puede convencerla de no hacerlo. Cada tanto, veo algún tuit/ TikTok viral de una mujer que habla de la frecuencia con la que los hombres intentan convencer a las mujeres de que tengan relaciones sexuales sin preservativo. Estos *posts* siempre tienen decenas o incluso cientos de miles de *likes,* corazones y comentarios. ¿Por qué? Porque mucha gente se identifica con ellos.

El 25 de junio de 2022, una diseñadora que se hace llamar @studio lemaine tuiteó: «Es muy difícil y emotivo leer "nadie te obliga a tener sexo sin protección" cuando los hombres lo hacen. Todo el tiempo. Novios y parejas y maltratadores: todo el espectro. Los hombres nos presionan para tener sexo sin protección todo el tiempo».

El estereotipo de que los hombres tratan de evitar el uso de preservativos es básicamente un hecho en nuestra cultura. (El «porqué» detrás del estereotipo a veces parece inocente, pero otras veces puede ser molesto: algunos hombres describen que sienten que es una conquista convencer a una mujer de que no use el preservativo y, a la inversa, algunos hombres describen que se sienten menos hombres si no pueden convencer a una mujer de que les permita renunciar al condón).

Pero, ¿y si nuestros mitos culturales en torno al preservativo son erróneos? Yo no tengo pene y nunca he usado un preservativo, así que me voy a basar en las palabras de hombres con los que hablé al escribir este libro:

Hay algo de verdad en la idea de que el sexo con preservativo es menos divertido, pero es porque los preservativos requieren práctica. Los hombres que han practicado el uso de preservativos y experimentaron con diferentes variedades y utilizan lubricación saben que los preservativos no disminuyen su placer durante el sexo de manera significativa.

Éste es sólo un hombre, pero también he escuchado variaciones sobre esto de cientos de hombres cada vez que mantengo conversaciones en línea sobre este tema. Entonces, ¿podría ser que la idea aceptada de que los preservativos hacen que el sexo sea menos placentero —una idea que hace mucho daño a mucha gente— esté equivocada? Tal vez el problema no sea el condón, sino la forma en que hablamos de los preservativos. O, más exactamente, la forma en que no hablamos de ellos: si un hombre cree que el sexo sin preservativos es una contraindicación, no es probable que hable de las ventajas de los condones con otros hombres que conoce.

Debido a los mitos culturales en torno a los preservativos, y a que se considera un tema privado, incluso los hombres que no tienen problemas con los preservativos y no los consideran menos masculinos pueden no compartir sus conocimientos y experiencias sobre los mismos. Si un hombre encuentra el preservativo o la técnica de lubricación perfectos, es posible que se guarde esta información para sí mismo, lo que es una pena, porque los estudios han demostrado que cuando amigos y confidentes hablan de condones, aumenta el uso del mismo. Un hombre puede no tener problemas con el uso de preservativos, pero es muy posible que los hombres con los que se relaciona no lo sepan. Por tanto, persiste la suposición de que los hombres en general odian usarlos.

También hay mitos relacionados con la pérdida de virilidad en torno al tema de las vasectomías. A muchos hombres les preocupa que una vasectomía pueda estropear sus erecciones o eyaculaciones. A los hombres les preocupa que no puedan «rendir» después de una vasectomía, que sean menos viriles. Por ello, en Estados Unidos, sólo el 9 % de los hombres sexualmente activos se someten a una vasectomía (pero el 27 % de las mujeres sexualmente activas se someten a una ligadura de trompas).

Una vez más, por cuestiones de privacidad y el estigma que rodea a las vasectomías, los hombres no suelen hablar con otros hombres sobre sus experiencias o sus ventajas. Pero las ventajas son reales. El ahorro de costes y de tiempo que supone una vasectomía, año tras año, es significativo. Pero la mayor ventaja puede ser psicológica. Las parejas suelen decir que su vida sexual ha mejorado mucho después de la vasectomía. ¿Por qué? Porque se elimina el estrés del embarazo no deseado. Desaparece. Los hombres también suelen afirmar que la intervención es rápida y fácil, casi indolora, y que la recuperación es directa y sencilla.

LA VASECTOMÍA TIENE MENOS RIESGO QUE LA LIGADURA DE TROMPAS

Las ligaduras de trompas —en las que se ligan, cortan, sujetan, anillan, sellan con corriente eléctrica o bloquean las trompas de Falopio de la mujer— se comparan a menudo con las vasectomías de los hombres. Esto es comprensible, porque ambas se consideran formas permanentes de control de la natalidad. Pero en la práctica y en la experiencia vivida, las vasectomías son más fáciles y menos arriesgadas.

La ligadura de trompas es una operación menor —por lo general de sólo treinta minutos— que implica uno o dos cortes en el abdomen. Requiere anestesia general o anestesia parcial (un tipo de anestesia local que deja despierta a la paciente) y se realiza en un hospital o en una clínica quirúrgica ambulatoria. La mayoría de las pacientes pueden volver a casa el mismo día de la operación, pero se les indica que esperen varias horas después de la operación antes de salir del hospital o de la clínica quirúrgica; además, se les indica que no deben conducir hasta su casa ni levantar objetos pesados durante aproximadamente tres semanas.

Las vasectomías son procedimientos ambulatorios —normalmente de solo quince minutos— que se realizan en la consulta del médico con anestesia local, y el paciente puede conducir por sí mismo hasta su casa inmediatamente después.

Los médicos y los profesionales sanitarios coinciden en que las ligaduras son más invasivas, más arriesgadas y más complicadas que las vasectomías.

WebMD dice: «Si tienes una relación comprometida, tu marido o pareja podría estar dispuesto a someterse a este procedimiento que impide que los espermatozoides entren en su semen. Es un procedimiento más seguro que la ligadura de trompas, y puede hacerse mientras él está despierto».

El Centro de Investigación de la Vasectomía Spermcheck dice:

Cuando se analizan los pros y los contras, la balanza se inclina a favor de la vasectomía. A pesar de los hechos, la ligadura de trompas sigue siendo el método más popular. Tal vez sea porque el control de la natalidad y la esterilización se consideran responsabilidad de la mujer. Pero como muchas mujeres argumentarán, y varios hombres han estado de acuerdo, los cuerpos de las mujeres han pasado por muchos traumas con el parto, así que, cuando se trata de la esterilización, es hora de que los hombres jueguen por el equipo.

El Dr. Alexander Pastuszak, del Centro Médico de la Universidad de Utah, dice:

Con la ligadura de trompas hay que hacer un agujero en el abdomen, que según los estándares quirúrgicos es una cirugía menor, pero sigue siendo mucho más importante que una vasectomía. No veo ninguna razón por la que una ligadura de trompas sea o deba ser preferida a una vasectomía.

En una conversación en Twitter, un médico me dijo:

Me gano la vida como anestesista, he participado en cientos de ligaduras. A menudo pienso: ¿Qué le pasa al marido? Excepto cuando es parte de una cesárea, las ligaduras deberían ser raras. Las vasectomías son baratas, poco dolorosas, extremadamente seguras y muy eficaces. ¿Por qué las trompas son también una carga que deben llevar las mujeres? Un punto adicional: nunca ha habido una muerte documentada por una vasectomía. Sin embargo, muchas mujeres han muerto por complicaciones anestésicas o quirúrgicas de una ligadura de trompas.

No es sólo que sea más arriesgado que una vasectomía. La ligadura de trompas se deniega sistemáticamente a las mujeres menores de treinta y cinco años o que no tienen hijos. Y no por las razones indicadas sino porque tenemos un sistema médico paternalista que cree que las mujeres no son capaces de tomar decisiones sobre su propio cuerpo. De hecho, aunque no es un requisito legal, tampoco es raro que un médico exija a una mujer la firma de su marido antes de estar dispuesto a realizar una ligadura de trompas.

Otros factores:

- Aunque tanto las ligaduras de trompas como las vasectomías pueden revertirse, las reversiones de vasectomía tienen una tasa de éxito más alta.

- La reversión de la vasectomía es un procedimiento mínimamente invasivo, mientras que la reversión de la ligadura de trompas se describe como una cirugía mayor.

- Las mujeres experimentan un mayor riesgo de embarazo tubárico (ectópico) si el embarazo se produce después de una ligadura de trompas. Ten en cuenta que un embarazo ectópico requiere tratamiento médico inmediato.

- Los efectos secundarios de una ligadura de trompas incluyen la perforación del intestino, daños en los intestinos, infección y dolor pélvico o abdominal prolongado. Los efectos secundarios de la vasectomía son menos graves e incluyen hinchazón, hematomas y dolor.

- Después de la ligadura de trompas, algunas mujeres dicen experimentar un rápido descenso de las hormonas estrógeno y progesterona. Es lo que se denomina *síndrome postligadura de trompas* (PTLS en inglés), y presenta síntomas similares a los de la menopausia, como sofocos, sudores nocturnos, problemas para dormir, disminución del deseo sexual y periodos irregulares. (La existencia del PTLS sigue siendo controvertida entre los médicos, pero hay que tener en cuenta la frecuencia con la que se descree de las mujeres en los contextos médicos).

- Los procedimientos de vasectomía tienen un coste menor que las ligaduras de trompas. En mi investigación, vi rangos de precios para la vasectomía de $300 a $1.000 dólares y rangos de precios para la ligadura de trompas de $1.500 a $6.000.

Debería estar muy claro que, cuando una pareja se decide entre una vasectomía para el hombre o una ligadura de trompas para la mujer, la vasectomía debería ser la opción más elegida, siempre.

ESPERAMOS QUE LAS MUJERES SE ENCARGUEN DE LA PREVENCIÓN DEL EMBARAZO

La suposición reinante es que, si una mujer no quiere estar embarazada, entonces hará lo que sea necesario para evitar que se produzca un embarazo. Al fin y al cabo, es el cuerpo de la mujer el que tiene que lidiar con el embarazo.

Esta suposición parece alinearse con los datos de la industria anticonceptiva. En 2019, el tamaño del mercado estadounidense de anticonceptivos se valoró en unos 8.000 millones de dólares. De las docenas de productos anticonceptivos, aproximadamente el 90 % de ellos son creados para mujeres, comprados por mujeres y utilizados por mujeres. Eso incluye que las mujeres compran más del 30 % de los preservativos masculinos.

Se espera que las mujeres sexualmente activas utilicen métodos anticonceptivos o un DIU. También se espera que las mujeres insistan en que los hombres usen un preservativo, lo que implica que las mujeres deben tener preservativos almacenados. (Esto crea una de esas curiosas situaciones sin escapatoria con las que las mujeres tienen que lidiar: si tiene preservativos, es una zorra, pero si no tiene preservativos, es irresponsable). Ni siquiera nos damos cuenta de que las mujeres pagan los costes del control de la natalidad, a pesar de que éste beneficia tanto a los hombres como a las mujeres. De hecho, nunca he conocido a una mujer que cobre a su novio la mitad de los costes de las citas con el médico, el transporte y las reposiciones de las recetas que se le exigen para prevenir el embarazo.

Para ser claros, los hombres tampoco esperan que su novia les ayude con los costes de los preservativos, pero las diferencias de coste entre los preservativos y los anticonceptivos (dólares, tiempo, comodidad, previsión, etc.) son significativas, de céntimos a dólares. Y como ya se ha mencionado, las mujeres también compran más del 30 % de los preservativos.

Se podría pensar que las mujeres estarían enfadadas con los hombres por todo esto. Pero, en general, no lo estamos. Hemos sido criadas en la misma cultura que los hombres. Nos han enseñado que el placer y la conveniencia de los hombres son primordiales. Nos han enseñado a disminuir nuestro propio dolor. Y las lecciones se han mantenido. Hemos enseñado esas mismas lecciones a otros.

A pesar de que las opciones de control de la natalidad para los hombres tienen una larga lista de ventajas, hemos puesto la carga de la prevención del embarazo en las mujeres. Hemos puesto la carga en la persona que es fértil durante 24 horas al mes, en lugar de la persona que es fértil 24 horas al día, todos los días de su vida.

NO NOS IMPORTA QUE LAS MUJERES SUFRAN, SI ESO FACILITA LAS COSAS A LOS HOMBRES

En 2016, la Organización Mundial de la Salud llevó a cabo un ensayo para el control de la natalidad masculina: una inyección hormonal que reduciría el recuento de espermatozoides. Los resultados fueron muy prometedores, mostrando una tasa de efectividad del 96 % en la prevención del embarazo. Pero incluso con los resultados positivos, el ensayo se detuvo. Un comité determinó que los efectos secundarios del fármaco ponían en peligro la seguridad de los participantes en el estudio.

Los efectos secundarios más comunes fueron el acné y el aumento de peso, que también son efectos secundarios muy comunes de los anticonceptivos femeninos. Los efectos secundarios más graves para los hombres fueron que uno de los participantes se volvió depresivo y otro suicida. Lo cual estoy de acuerdo en que es muy grave. Pero los efectos secundarios de los anticonceptivos femeninos son igual de graves, si no más, y sin embargo a millones de mujeres se les siguen recetando estos medicamentos y los ingieren a diario.

Esa historia capta perfectamente una máxima cultural tácita: no nos importa que las mujeres sufran, siempre que eso facilite las cosas a los hombres.

Otro ejemplo médico es el llamado «*Husband Stitch*» que literalmente se puede traducir como el punto de sutura para el marido. Algunos médicos ponen un punto de sutura extra cuando reparan episiotomías o desgarros del parto. La idea subyacente es que el punto apriete la vagina y proporcione un mayor placer a la pareja sexual masculina. Desgraciadamente, el punto extra puede tener consecuencias dolorosas para las mujeres, como un dolor insoportable durante las relaciones sexuales.

Algunas mujeres no se enteran de que les han puesto un punto de sutura extra hasta que tienen una cita ginecológica con otro médico, una revisión posparto o un embarazo posterior. Puede que vayan a hacerse una prueba de Papanicolaou y el médico vea que la reparación del parto se hizo demasiado ajustada.

Algunos hombres tampoco saben que se ha hecho un *Husband Stitch*, a sus esposas, porque el médico ha decidido hacerlo por su cuenta. Y algunos hombres lo saben, pero no les gusta, porque les causa dolor a ellos mismos o a su mujer.

La cuestión es que el *Husband Stitch* no hace más estrecha la vagina. El hombre que solicita el punto extra o está contento con el mismo, puede obtener satisfacción de la idea de que la vagina de su pareja está «más apretada», pero en realidad no sentirá una diferencia. Se prioriza su satisfacción psicológica sobre el dolor físico de la mujer.

Y luego está la inserción del DIU. En los debates sobre el tratamiento del dolor en los hombres y en las mujeres, veo que se mencionan a menudo las vasectomías y los DIU. He oído que la vasectomía es tan invasiva y dolorosa como la implantación de un DIU. También he oído que la inserción del DIU es mucho más dolorosa que la vasectomía. He oído hablar de mujeres que no sintieron ningún dolor al colocarse un DIU y de otras que casi se desmayaron por el dolor. Y he oído a hombres que decían que iban directamente de la vasectomía a un partido de béisbol y no se perdían nada. (Todavía no me he encontrado con un hombre que haya experimentado una vasectomía como algo insoportable, pero me imagino que alguno habrá por ahí).

Todas estas son experiencias y observaciones válidas. Yo les creo a todos y a cada uno. Pero aquí está la cosa, las vasectomías siempre se realizan con al menos un anestésico local, mientras que los medicamentos para el dolor rara vez se utilizan para la inserción del DIU. Permítanme repetirlo: estos dos procedimientos, uno para los hombres y otro para las mujeres, son invasivos e implican partes del cuerpo muy sensibles. Se espera que el procedimiento sea doloroso para los hombres, por lo que siempre se administran analgésicos. En el caso de las mujeres, se espera que, si es dolorosa, las mujeres se limiten a soportarla, y casi nunca se administra analgésicos.

Lista de efectos secundarios para el hombre en el ensayo de medicamentos para el control de natalidad	Lista de efectos secundarios de los productos hormonales para mujeres/ensayo de medicamentos para el control de la natalidad
Acné	Acné
Dolores de cabeza	Dolores de cabeza
Cambios de humor	Cambios de humor
Cansancio/fatiga	Cansancio/fatiga
Aumento de peso	Aumento de peso
Depresión	Depresión
Disfunción eréctil leve	Sangrado o manchado entre menstruaciones
Reducción del deseo sexual	Distensión
	Sensación de mareo
	Retención de líquidos
	Aumento del apetito
	Insomnio
	Melasma (manchas oscuras en la cara)
	Náuseas
	Sensibilidad o dolor en los senos
	Vómitos
	Coágulos de sangre
	Enfermedad de la vesícula biliar
	Ataque al corazón
	Hipertensión arterial
	Cáncer de hígado
	Accidente cerebrovascular

Me interesó especialmente saber que la administración de anestesia general (que es un procedimiento serio en sí mismo) es lo único que ha demostrado eliminar sistemáticamente el dolor de la inserción del DIU. ¿Debería permitirse a las mujeres elegir entre los riesgos de la anestesia general y el riesgo de dolor durante la inserción de un DIU sin medicación? ¿O debería el sector médico seguir eligiendo por las mujeres, no ofreciéndoles medicación para el dolor en absoluto y diciéndoles que «sólo será un pinchazo»?

Casey Johnston escribió un excelente ensayo que explora esta contradicción, llamado «Si los hombres tuvieran que ponerse el DIU tendrían que recibir epidural y una estancia en el hospital». Un extracto del ensayo:

Un número sorprendente de personas, como descubrí al tratar de determinar si mi propio sufrimiento agudo tras la inserción del DIU era anormal, lo describen como el peor dolor que han experimentado en su vida. El peor de ellos es cegador y dura minutos, y luego alrededor del 75 % de ese dolor se prolonga durante horas. Y eso si nada va mal, como que el dispositivo se atasque, y el médico tenga que volver a intentarlo una segunda vez.

Para dar una idea del dolor, o al menos de cuan malo es, si una inyección es un 3 en la escala de dolor, la inserción de un DIU es un 10, en tres fases. Por término medio, las mujeres no reciben prácticamente ningún tratamiento del dolor antes, durante o después de la inserción del DIU: tal vez un poco de gel anestésico, tal vez un único analgésico de venta libre después, y eso es todo.

La falta de alivio del dolor que se ofrece es inhumana, pero también es algo cotidiano.

Un ejemplo más: A principios de los años 90, los investigadores estaban estudiando un fármaco llamado citrato de sildenafilo. La esperanza era que el fármaco ayudara a prevenir y/o solucionar problemas cardíacos. A medida que avanzaba el estudio, el fármaco mostró resultados prometedores para otra afección: la que algunos llaman «invierno del pene», es decir, una solución para la disfunción eréctil. Los responsables de la financiación del estudio decidieron que seguirían investigando la disfunción eréctil. Finalmente, el medicamento salió al mercado. Se llamó Viagra.

En pruebas posteriores del mismo fármaco, el citrato de sildenafilo, descubrieron que también ofrecía un alivio significativo y duradero a las mujeres que sufrían graves dolores menstruales.

Ese mismo equipo de responsables, todos ellos hombres, decidió no seguir investigando sobre el alivio de los cólicos menstruales. ¿Por qué? Creían que esos calambres no eran una prioridad para la salud pública.

¿No es una prioridad de salud pública? Los estudios dicen que el 80 % de las mujeres sufren dolores menstruales o de la regla. Dado que al menos la mitad de la población de la Tierra experimenta la menstruación, eso significa que hay aproximadamente 3.100 millones de personas que han tenido que lidiar con el dolor menstrual. A mí me parece un número lo suficientemente importante como para justificar que se siga investigando.

Imagínatelo. Estás en un comité de pruebas de drogas, y tienes que hacer una elección. Por un lado, puedes elegir facilitar a los hombres mayores la consecución y el mantenimiento de una erección. Por otro lado, puedes elegir aliviar el sufrimiento de las mujeres por los graves dolores menstruales. Y eliges las erecciones. ¿Por qué no elegir ambas cosas? Lo sé. Lo sé. Probablemente sea por el dinero. Pero ni siquiera eso me cuadra. 64 millones de hombres en todo el mundo han sido recetados con Viagra desde 1998. Eso son muchas personas. Pero el mercado potencial para el dolor menstrual es de 3100 millones de personas.

Este pequeño fragmento de la historia de la medicina es una variación de la máxima que mencioné anteriormente: Cuando hay que elegir entre maximizar el placer de los hombres o minimizar el dolor de las mujeres, la sociedad elegirá previsiblemente a los hombres.

Cuando se trata del control de la natalidad, y en realidad de la vida en general, preferimos preservar la comodidad, la tranquilidad y el placer de los hombres antes que prevenir o aliviar el sufrimiento de las mujeres.

Nota n.º 1

No sé cómo explicar hasta qué punto las mujeres están acostumbradas a lidiar con el dolor. El dolor para las mujeres está normalizado. ¿Acabas de dar a luz? Tómate un ibuprofeno. ¿Vas a ponerte un DIU? No hay que esperar anestesia, es sólo un pequeño pellizco, sólo hay que respirar. Es tan misógino como extraño que se considere completamente normal realizar procedimientos ginecológicos invasivos sin control del dolor.

LA SOCIEDAD ENSEÑA QUE EL PLACER DEL HOMBRE ES EL PROPÓSITO Y LA PRIORIDAD DEL SEXO

Una clase típica de educación sexual en Estados Unidos cubre los órganos reproductivos internos de las mujeres —ovarios, trompas de Falopio, etc.— pero no explora el clítoris relacionado con el placer (cómo funciona, cómo se estimula, cómo se conecta con el orgasmo femenino). Muchos ni siquiera mencionan el clítoris. No ocurre lo mismo con el pene relacionado con el placer.

Para que quede claro, no estoy sugiriendo que las clases de educación sexual se centren en el placer masculino, sólo estoy señalando que el pene definitivamente aparece en la educación sexual. Se explican las erecciones. Se explican las eyaculaciones. El placer que los hombres experimentan durante el sexo —la excitación y el orgasmo— se presenta como parte de la mecánica básica del sexo.

Se da por sentado que los hombres experimentarán placer durante estas interacciones sexuales. ¿Experimentarán las mujeres placer en las mismas interacciones? ¿Quién lo sabe? No se plantea, porque el orgasmo de una mujer no es una parte esencial del aprendizaje como lo son los pájaros y las abejas.

Pero no se trata sólo de las clases de educación sexual. La forma en que la sociedad habla del sexo o lo presenta es, en la mayoría de los casos, desde el punto de vista del hombre. De hecho, la mayoría de los estudios sobre la duración del coito se basan en el tiempo que tarda un hombre en eyacular en una vagina.

Según las representaciones convencionales del acto sexual, este no termina hasta que el hombre eyacula, y una vez que eyacula, se acaba. Nos centramos en la experiencia del hombre, no en la de la mujer.

Si un hombre tiene un orgasmo y eyacula en una vagina, la mayoría de la gente considera que eso es sexo. ¿Y si la mujer no tiene un orgasmo en esa misma interacción? ¿Se sigue considerando sexo? Sí. La mayoría de la gente sigue considerándolo sexo. No es la única forma de definir el sexo, pero es una de las más comunes.

Voy a especular que nuestro enfoque social en la experiencia del hombre durante el sexo alimenta la resistencia de algunos hombres a usar preservativos. Imagino que el pensamiento es el siguiente: Si el sexo se centra en la experiencia del hombre, entonces un hombre prioriza su propio placer y no sugiere usar condones. No mencionará los preservativos en absoluto (y esperará que la mujer con la que tiene relaciones sexuales tampoco lo haga). Todo esto le parecerá perfectamente justificable porque, una vez más, la sociedad le ha enseñado (y a todos nosotros) que el sexo es su experiencia y su placer.

Pero, ¿de qué placer hablamos? ¿Cómo de diferente es el placer del sexo con y sin preservativo? Imaginemos una escala de placer físico en la que el 0 es neutro y el 10 es el máximo placer. Un buen masaje se sitúa en torno al 5 en la escala y un orgasmo sin preservativo en el 10. En esta escala, ¿dónde quedaría el sexo con preservativo? ¿En un 7? ¿Tal vez un 8? Por lo tanto, no es que el sexo con preservativo no sea placentero, simplemente no es tan placentero. Un 8 en lugar de un 10.

Lo que nos lleva a una conclusión realmente inquietante. Cuando los hombres eligen tener sexo sin preservativo, están poniendo en riesgo el cuerpo, la salud, el estatus social, el trabajo, la situación económica, las relaciones e incluso la vida de la mujer, para experimentar unos minutos de placer ligeramente mayor. Es horrible escribirlo. Me da dolor de estómago sólo de pensarlo. ¿De verdad los hombres elegirían unos momentos de placer ligeramente superior a poner en riesgo toda la vida de una mujer?

Sí. Sí lo harían. Sucede todos los días. Es tan común como las malas hierbas. Podríamos decir que los hombres son extremadamente desconsiderados, pero creo que es más una cuestión de: 1) los hombres no entienden o no aprecian lo que esto significa realmente para las mujeres, 2) una cultura que refuerza esta ignorancia, y 3) el mandato demasiado humano de maximizar el placer, incluso sin tener en cuenta las posibles consecuencias.

Pero la cuestión es que, con la vida de las mujeres en juego, no debería hacer falta mucha persuasión para que los hombres se den cuenta de las consecuencias de las relaciones sexuales sin protección y para que nuestra cultura desapruebe esta ignorancia. ¿No podemos convencer a los hombres de que pueden actuar de forma responsable sin tener que sacrificar el placer?

Probemos esta analogía. Piensa en otro gran placer de la vida, digamos la comida. Piensa en tu comida, postre o bebida favorita. ¿Qué pasaría si descubrieras que cada vez que te das un capricho con esa comida favorita te arriesgas a causar un gran dolor físico y mental a alguien que conoces íntimamente? No de forma definitiva —comer esa comida podría no causar ningún dolor—, pero existe un riesgo real de que lo haga. Probablemente te sentirías triste, pero no volverías a comer esa comida, ¿verdad? No vale la pena el riesgo.

Entonces, ¿qué pasaría si descubrieras que hay una cosa sencilla que puedes hacer antes de comer esa comida favorita, y que casi eliminaría el riesgo de causar dolor a otra persona? Pero la cosa sencilla haría que la experiencia de comer la comida fuera ligeramente menos placentera. Para ser claros, seguiría siendo muy placentera, pero ligeramente menos. Tal vez tengas que comer la comida —digamos que es una porción de *pizza*— con cuchillo y tenedor cuando preferirías comerla con las manos.

¿Estarías dispuesto a hacer ese simple compromiso para eliminar el riesgo de causar dolor —posiblemente incluso la muerte— a alguien que conoces íntimamente, cada vez que comes tu comida favorita?

Por supuesto que sí.

POR SUPUESTO QUE SÍ.

Nota n.º 1

Al hablar de la escala de placer físico del 1 al 10, un hombre me dijo voluntariamente: «Siendo realistas, creo que en realidad estamos hablando de 9,75/9,8/9,9 en lo que respecta al sexo con preservativo. Créeme, lo sé porque soy un hombre y realmente la diferencia es apenas perceptible. No es sincero que los hombres digan que lo es».

Nota n.º 2

A diferencia de lo que ocurre con el placer de los hombres, cuando se piensa en el sexo, a menudo no se piensa en el placer de las mujeres. Aunque culturalmente (y, por desgracia, a veces también por parte de los hombres) el placer de las mujeres puede ser ignorado o descuidado, las mujeres son muy capaces de experimentar placer durante el sexo. Cuando se masturban, el 95 % de las mujeres llegan al orgasmo. En sus primeras relaciones con otras mujeres, llegan al orgasmo en el 64 % de los casos. Pero en las primeras relaciones con hombres, sólo llegan al orgasmo el 7 % de las veces. Así que sabemos que, cuando ignoramos la experiencia del placer de las mujeres durante el sexo, el problema no es la capacidad de las mujeres para llegar al orgasmo. Es nuestro enfoque cultural hacia el sexo heterosexual y nuestra concentración en el placer de los hombres por encima de todo lo demás.

LAS MUJERES PUEDEN QUEDAR EMBARAZADAS SIN EXPERIMENTAR PLACER

Para los hombres, el orgasmo y la eyaculación son una experiencia placentera. Técnicamente ambas tienen funciones separadas (hay casos de eyaculación sin orgasmo y de orgasmo sin eyaculación), pero como casi siempre ocurren al mismo tiempo, los tratamos como la misma cosa. Usamos los términos indistintamente; si decimos que un hombre tuvo un orgasmo o que eyaculó, nos referimos a lo mismo.

Dado que el orgasmo/la eyaculación de un hombre es la función que mueve el esperma de su cuerpo y lo coloca en otro lugar, y dado que el orgasmo/la eyaculación es una experiencia placentera, es fácil argumentar que fecundar a una mujer es una experiencia placentera. Para los hombres.

En cambio, sabemos que es muy posible que una mujer quede embarazada sin experimentar ningún placer. Un hombre y una mujer pueden tener relaciones sexuales y la mujer puede no experimentar ningún placer. No tiene un orgasmo y, sin embargo, puede ser fecundada por el hombre. Incluso puede estar totalmente pasiva durante un encuentro consensuado —simplemente tumbada, sin moverse, sin placer, sin participación real— y el hombre puede embarazarla. De hecho, es totalmente posible que un hombre fecunde a una mujer incluso mientras ella está experimentando un dolor insoportable.

El orgasmo de una mujer o el hecho de que una mujer experimente placer durante las relaciones sexuales no tiene nada que ver con el hecho de provocar un embarazo. Por lo que saben los investigadores, los orgasmos de la mujer existen sólo por placer. Algunos creen que el orgasmo de la mujer puede ayudar a empujar el esperma hacia el óvulo. Es ciertamente una teoría, pero es débil, y ha sido desacreditada. Significaría que la mujer tendría que tener un orgasmo simultáneamente con el hombre, o después de que el hombre haya tenido un orgasmo, y sabemos, tanto por la investigación como por las pruebas anecdóticas, que eso no es algo muy común. La ciencia también ha establecido firmemente que los óvulos pueden ser fácilmente fecundados sin orgasmo de la mujer en absoluto. Por lo tanto, cualquier teoría que califique el orgasmo de la mujer como una parte esencial de la procreación biológica simplemente no se sostiene.

Una mujer que experimenta el placer y el orgasmo nunca ha provocado un embarazo.

Por supuesto, esto se opone a la gente que se empeña en «avergonzar» a las mujeres y en culpar a la libido de las mujeres y a sus comportamientos «de zorra» de los embarazos no deseados. Abordemos ese punto de vista de frente.

Cuando escribo que una mujer que experimenta placer y orgasmos nunca ha provocado un embarazo, lo que esto significa es que una mujer puede ser la más ninfómana del mundo entero: podría no hacer otra cosa que tener orgasmos todo el día y toda la noche durante las relaciones sexuales con penetración con múltiples parejas y nunca se producirían embarazos no deseados a menos que un hombre eyacule irresponsablemente en su cuerpo.

¿Por qué hablamos de embarazos no deseados? Porque el 99 % de los abortos son el resultado directo de un embarazo no deseado. Y tenemos que tener muy claro que el hecho de que las mujeres disfruten del sexo no es la causa de los embarazos no deseados ni del aborto. ¿Qué causa los embarazos no deseados y el aborto? Los hombres que disfrutan del sexo y tienen eyaculaciones irresponsables.

Nota n.° 1

Algunos podrían argumentar que los hombres pueden fecundar a alguien sin sentir placer ni tener un orgasmo, porque existe el líquido preseminal. Éste es un fluido corporal que a veces sale del pene durante las relaciones sexuales antes de la eyaculación/orgasmo, y a veces hay esperma presente en el mismo.

¿Con qué frecuencia se encuentran los espermatozoides en el líquido preseminal? Los investigadores no lo saben realmente. Un estudio de 2016 descubrió que el 17 % de los hombres del estudio tenían esperma en el líquido preseminal. Pero un estudio de 2021 no fue concluyente. Sabemos que *Planned Parenthood* informa que el *coitus interruptus*, cuando se usa perfectamente, es un 96 % efectivo. Dado que la extracción perfecta o imperfecta no cambiaría la cantidad de espermatozoides en el preseminal, esa estadística del 96 % sugiere que los espermatozoides en el fluido no son especialmente comunes o, si son comunes, sugiere que los espermatozoides encontrados en el líquido preseminal no son particularmente efectivos en la fertilización.

¿Cómo acaban los espermatozoides en el líquido preseminal en primer lugar? De nuevo, las investigaciones no son concluyentes, pero la teoría más extendida es que las eyaculaciones anteriores pueden dejar esperma en los conductos, y luego el esperma se escapa con el fluido. Si te preocupa la presencia de esperma en el preseminal, utiliza definitivamente un preservativo. (Y oye, los preservativos también protegen a los dos miembros de la pareja de las ETS: usar uno es una buena idea cada vez que tengas relaciones sexuales). ¿Estás convencido de que el líquido preseminal es una fuente principal de embarazos no deseados? Bueno, no he encontrado ningún dato que lo respalde.

Tanto si los espermatozoides proceden de una eyaculación en el momento como si están presentes de una eyaculación anterior, los espermatozoides están presentes porque el hombre ha experimentado una excitación y un orgasmo/una eyaculación. Podemos concluir que un hombre no puede fecundar a una mujer sin sentir placer.

N.º 13

LOS HOMBRES CAUSAN TODOS LOS EMBARAZOS NO DESEADOS

Si eres un hombre que lee este libro, los contrastes y desequilibrios entre hombres y mujeres que he expuesto hasta ahora pueden haberte sorprendido, aunque probablemente no te hayan puesto a la defensiva. Pero esta sección podría hacerlo. Porque el argumento que voy a exponer es el siguiente: Todos los embarazos no deseados son causados por eyaculaciones irresponsables. O, en términos más sencillos: Los hombres causan todos los embarazos no deseados.

Sí, es necesario un óvulo para que el esperma tenga algo que fecundar, pero hay una diferencia causal fundamental en las funciones del óvulo y el esperma, y los hombres tienen un control sustancial sobre dónde y cuándo liberan sus espermatozoides, mientras que las mujeres tienen cero control sobre sus óvulos.

Ya hemos establecido que las mujeres no pueden predecir de forma fiable y precisa cuándo su óvulo va a ser fértil, pero no es sólo eso. Los óvulos no pueden ser movilizados y dirigidos para salir del cuerpo. Durante las relaciones sexuales, una mujer no puede mantener su óvulo escondido en algún lugar para que no esté expuesto a los espermatozoides. La mujer no puede extraer su óvulo antes del sexo y dejarlo a un lado para luego volver a colocarlo en su útero cuando el sexo haya terminado. Sí, el óvulo se mueve a diferentes posiciones dentro del sistema reproductivo, pero la mujer no puede controlar cuándo se producen esos cambios de posición, y esos cambios de posición son independientes del comportamiento sexual de la mujer. Si una mujer mantiene relaciones sexuales, eso no moviliza ni cambia la posición de su óvulo. Si una mujer tiene un orgasmo, eso no moviliza ni cambia la posición de su óvulo. Si una mujer no tiene un orgasmo, tampoco moviliza ni cambia la posición de su óvulo.

A diferencia de las mujeres y sus óvulos, los hombres pueden movilizar y dirigir el esperma para que salga de su cuerpo. Eso es lo que es una eyaculación. Es la elección del hombre de sacar el esperma de su cuerpo y ponerlo en otro lugar. Durante las relaciones sexuales consensuadas, los hombres pueden elegir si van a liberar el esperma de su cuerpo, y los hombres pueden elegir dónde van a poner ese esperma. Pueden poner el esperma en un preservativo. Pueden someterse a una vasectomía, en cuyo caso se guardan el esperma para sí mismos y sólo eyaculan semen sin espermatozoides. Pueden poner el esperma en el estómago de su pareja. Pueden poner el esperma en su mano. Pueden poner el esperma en un pañuelo de papel, en un calcetín de repuesto, en una planta o en un lugar al azar del suelo o la pared. O pueden poner el esperma en una vagina y exponer a su pareja a un grave riesgo de complicaciones por un embarazo no deseado.

Puede que pienses: Pero si es sexo consentido, entonces ¡ambos causaron el embarazo no deseado!

Bueno, en realidad no. Incluso en el caso de sexo consentido, el hombre tiene la última palabra. Así es como funciona:

Paso 1: La mujer consiente el sexo.
Paso 2: El hombre decide si va a eyacular responsablemente.

El consentimiento de una mujer para mantener relaciones sexuales no obliga a un hombre a eyacular en su vagina. Incluso si la mujer dice: «Guapo, por favor, ten sexo conmigo sin condón. Quiero que eyacules dentro de mí», esas palabras no obligan al hombre a eyacular dentro de ella sin preservativo. Él sigue teniendo que elegir. En última instancia, sólo el hombre decide dónde va a parar su esperma. Sólo él puede elegir qué hacer con su esperma y a dónde va. El hecho de que una mujer le diga a un hombre que no tiene que usar preservativo no le obliga a tener relaciones sexuales con ella sin preservativo. Él tiene derecho a negarse. Si decide tener relaciones sexuales sin preservativo, está eligiendo el riesgo de provocar un embarazo no deseado.

No importa lo que una mujer «deje» hacer a un hombre, no puede (legalmente) hacer que un hombre eyacule dentro de ella. Cuando lo hace, es 100 % obra suya. Sabemos que esto es cierto porque si ella le «dejara» meter el pene en una tostadora, él no lo haría. Si alguien te dice que hagas una cosa irresponsable, y tú eliges hacer esa cosa irresponsable, eso es problema tuyo.

Para ayudarnos a entender este concepto, pensemos en dos amigos que hacen un vídeo para TikTok. Tienen una pistola, y el Amigo #1 dice: «Dispárame y filmémoslo». Amigo #2 dice: «De ninguna manera». Amigo #1 suplica: «Vamos hombre, será tan genial que nos haremos virales». Amigo #2 sigue negándose. No quiere hacerlo. Amigo #1 sigue presionando: «Hazlo. Cualquier cosa mala que ocurra, es culpa mía; es mi idea». Amigo #2 se convence y decide disparar a Amigo #1. Amigo #2 aprieta el gatillo. Su intención era sólo herir a Amigo #1, pero su puntería se pierde y el disparo es mortal. Amigo #2 es condenado por homicidio y va a la cárcel.

Para que quede claro: ¿Era el compañero n.º 1 (el muerto) un tonto? ¿Actuó de forma irresponsable? Sí. Sí a ambas preguntas. Amigo #1 definitivamente eligió actuar irresponsablemente. No debería haber sugerido la idea. No debería haber participado. Pero Amigo #1 haciendo la sugerencia no mató a nadie. Ponerse delante de una pistola puede ser estúpido, pero no es una acción letal.

¿Qué hay de Amigo #2? ¿Fue Amigo #2 obligado a apretar el gatillo? No. No lo fue. En última instancia, fue su elección. ¿Amigo #2 también actuó de forma irresponsable? Sí, y sus acciones irresponsables hicieron que alguien muriera. Todas las acciones irresponsables en este escenario no son iguales. Algunas acciones son estúpidas, otras son letales.

¿Es irresponsable que una mujer acepte tener relaciones sexuales sin preservativo? ¿O si sugiere tener relaciones sexuales sin preservativo? Sí, lo es. Una mujer que sugiere sexo sin condón está actuando irresponsablemente. Me gustaría que no lo hiciera. Y, sin embargo, su cuerpo no puede causar un embarazo. No importa cuánto sexo tenga, sus orgasmos no pueden causar un embarazo.

Sí, ella elige a qué hombre le dice «sí». Pero su «sí» no incapacita físicamente al hombre a ponerse un preservativo, a decir no, o a hacerse una vasectomía. Si un hombre elige el sexo sin protección y pone su esperma en la vagina de una mujer, no sólo está siendo irresponsable, sino que, en su caso, su cuerpo puede provocar un embarazo a través de su orgasmo y su esperma.

De nuevo, todas las acciones irresponsables en este escenario no son iguales. Las acciones de ella —elegir tener relaciones sexuales y un orgasmo sin preservativo— son desacertadas. Las acciones de él —elegir tener relaciones sexuales y un orgasmo sin preservativo— pueden provocar un embarazo.

Siento que todavía quieres discutir sobre esto, así que probemos otro escenario. Una mujer y un hombre acuerdan tener sexo sin condón (convenientemente para este escenario, él está entre la mayoría de los hombres que no tienen esperma en su líquido preseminal). Él introduce su pene en la vagina de ella, comienza sus mejores movimientos y, poco después, ella tiene un orgasmo, pero él aún no. En cuanto termina su orgasmo, ella se detiene y dice: *¡Muchas gracias por el sexo!*, luego se viste y se va. Aunque tuvieron sexo, y aunque su óvulo estaba presente, y aunque ella tuvo un orgasmo, la mujer no quedó embarazada y no pudo ser fecundada. La mujer mantuvo con éxito relaciones sexuales sin protección sin riesgo de embarazo porque su pareja masculina no eyaculó. Las relaciones sexuales sin protección y sin esperma no conducen a un embarazo.

Podrías estar pensando, bueno, eso no es realmente sexo, él ni siquiera eyaculó. Pero, por supuesto, es sexo. Cuando ocurre lo contrario, cuando el hombre tiene un orgasmo rápidamente y luego deja de tener relaciones sexuales antes de que la mujer tenga un orgasmo, eso se sigue considerando sexo (y es extraordinariamente común). Si el pene entra en la vagina, eso es sexo con penetración, independientemente de que alguna de las dos personas tenga o no un orgasmo.

En última instancia, son los hombres los que producen los espermatozoides que pueden fecundar un óvulo y provocar un embarazo. Los hombres pueden evitar fácilmente los embarazos no deseados que conducen al aborto si deciden eyacular de forma responsable.

ESPERAMOS QUE LAS MUJERES SEAN RESPONSABLES DE SU CUERPO Y DEL DE LOS HOMBRES

Siempre que hablo de este tema, recibo una variación de esta respuesta: «Lo único que tienen que hacer las mujeres es pedir a los hombres que se pongan un condón y luego negarse a tener relaciones sexuales con él si no lo hace». Suena tan sencillo. Problema resuelto. Pero no lo es.

Es cierto que las mujeres pueden rechazar el sexo sin preservativo. Y sabemos que muchas mujeres insisten en el preservativo todos los días, en todo el mundo. Pero yo también diría: ¿por qué una mujer tiene que pedirle a un hombre que se ponga un preservativo? ¿Por qué no sería la norma que los hombres se proporcionaran su propio preservativo y se lo pusieran sin necesidad de pedírselo? ¿Quién se beneficia si el hombre no se pone el preservativo?

Si una mujer no hace la petición —supongamos que está distraída y se olvida de pedirlo—, ¿significa eso que el hombre está libre de culpa? ¿Ella no lo pidió y por eso él no tiene que usar un preservativo? ¿No tiene que ser responsable de sus propios fluidos corporales? Por supuesto que sí.

Si la persona uno sabe que tiene una ETS y la transmite a su pareja, la persona dos, en muchos lugares eso es un delito, y la persona uno puede ser procesada penalmente. Además, la persona dos puede interponer una demanda civil contra la persona uno. Si tus fluidos corporales tienen el potencial de dañar a tu pareja, es tu responsabilidad asegurarte de que no lo hagan.

Si un hombre ve pruebas de anticoncepción en la casa de una mujer (como la píldora) o le pregunta si está tomando anticonceptivos, y ella responde que sí, ¿se considera que el hombre es responsable? ¿Y la respuesta afirmativa de ella le exime de la obligación de usar un preservativo? En caso afirmativo, ¿por qué?

Tal vez pienses que la responsabilidad es al 50 %. La mujer sólo tiene que insistir en que el hombre use un preservativo. Pero espera un momento. Si la mujer tiene que insistir en que el hombre use un condón, ¿no acabas de describir a un hombre irresponsable? ¿Cómo es eso del 50 %? Acabas de poner el 100 % de la responsabilidad en la mujer al decir que tiene que insistir en que el hombre use un preservativo. Estás pidiendo a la mujer que sea responsable de sus actos y también de los del hombre. Entonces, ¿está actuando el hombre de forma responsable en este escenario si sólo se pone el preservativo si la mujer insiste? Respuesta: NO, no lo está. Los hombres pueden utilizar un preservativo, hacerse una vasectomía o negarse a tener relaciones sexuales sin protección. Si hace estas cosas, no provocará un embarazo. Confiar en que su pareja sexual utilice métodos anticonceptivos es evitar o renunciar a su responsabilidad. He aquí otro ejemplo. Imagínate que tienes un hijo que vive con una infección, y que ésta puede contagiarse a otras personas por contacto con la sangre de tu hijo. Afortunadamente, es una infección manejable y no afecta a la calidad de vida de tu hijo, pero aun así, sin duda le enseñarías a tu hijo que debe tener mucho cuidado con su sangre. Si se corta en el patio de recreo, corre el riesgo de infectar a otra persona, quizá a su profesor o a uno de sus amigos. Como padre, le harías entender este punto una y otra vez y te asegurarías de que tu hijo tuviera todo lo necesario para evitar el contagio de la infección a otra persona. Esperarías que tu hijo se responsabilizara de su sangre, sobre todo a medida que creciera y comprendiera las consecuencias de sus acciones.

Si tienes un hijo, su esperma puede «infectar» a cualquier mujer con la que tenga relaciones sexuales. Como padres, como cultura, tenemos que hacer hincapié en el cuidado que hay que tener con el esperma. Se sabe que el embarazo y el parto matan a las mujeres. Es muy probable que el embarazo y el parto dejen cicatrices permanentes y causen problemas de salud en el futuro, incluida una posible infertilidad. Los embarazos y partos no planificados pueden tener un impacto negativo importante en la calidad de vida del futuro niño y de sus padres.

El esperma de un hombre puede causar una gran cantidad de daños.

Es sorprendente y descorazonador decirlo, pero nuestra cultura actual no espera que los hombres sean responsables para prevenir el embarazo. Nuestra cultura actual ni siquiera espera que los hombres se proporcionen sus propios preservativos.

Si un hombre provoca un embarazo no deseado, la mujer embarazada suele preguntarse cómo pudo ocurrir. ¿Por qué no obligó al hombre a ponerse un preservativo? ¿No tiene preservativos en su casa? Lo cual, si lo piensas, es algo extraño que se espere que las mujeres los tengan almacenados. Es como si una persona con un bebé recién nacido visitara una casa en la que no hay bebés y se sorprendiera de que no hubiera pañales, toallitas y biberones.

El caso es que, aunque no debería ser necesario, las mujeres suelen almacenar preservativos. No es nada raro que una mujer guarde preservativos en su mesilla de noche. Simplemente coge la típica caja y espera que los preservativos sirvan para quien los necesite.

Podríamos decir que todo el mundo debería tener preservativos, por si acaso. Es simplemente buena educación. Del mismo modo, espero que los hombres tengan a mano productos para la menstruación en su casa aunque no viva nadie con la regla.

En mi investigación para este libro, he escuchado a muchas esposas y novias. Mujeres que están con hombres a los que aman y en los que confían y con los que están construyendo una vida sólida. Pero estas mujeres vienen con historias. Una de ellas, madre de tres hijos con un DIU, me contó que ha sangrado todos los días durante un año, que odia los efectos secundarios del DIU y que ha probado todo lo demás. Se pregunta: ¿por qué su marido no le ha sugerido hacerse él una vasectomía? Otra mujer me explicó que le hubiera gustado tener muchos hijos espaciados, pero que a su marido no le gustaba usar preservativos, y acabaron teniendo cuatro hijos en cinco años, mucho más rápido de lo que ella quería y mucho más rápido de lo que su cuerpo podía soportar sin sufrir graves daños a largo plazo. Una vez más, se trata de mujeres con matrimonios estables y afectuosos, con hombres que intentan ser buenos maridos y padres. Estas historias muestran algo claramente: Nosotros, hombres y mujeres, tenemos un enorme punto ciego cuando se trata de los hombres y el control de la natalidad. Los hombres asumen que las mujeres harán todo el trabajo de prevención del embarazo, que la mujer será responsable de su propio cuerpo y del cuerpo del hombre, y las mujeres suponen también que las mujeres lo harán.

N.º 15

NECESITAMOS CAMBIAR EL ENFOQUE HACIA LOS HOMBRES

Cualquier hombre que se haya sometido a una vasectomía y/o que utilice condones de forma regular y correcta y/o que se niegue a tener relaciones sexuales sin protección con una mujer está asumiendo la responsabilidad de lo que hace con su pene y de dónde eyacula. Cualquier hombre que no haga estas cosas no está asumiendo su responsabilidad. Cuando se les pregunta qué pueden hacer los hombres para evitar los embarazos no deseados, si un hombre responde: «Bueno, la mujer sólo tiene que...» es una clara indicación de que no tiene ningún interés real en prevenir los embarazos no deseados.

Quiere centrarse en las mujeres, pero lo que necesita es centrarse en los hombres.

Si un hombre puede prevenir fácilmente los embarazos no deseados controlando sus propias acciones, pero sólo está interesado en prever los embarazos no deseados si las mujeres controlan sus acciones, parece que está mucho más interesado en controlar a las mujeres que en reducir los embarazos no deseados.

Comprendo que la tendencia es centrarse en las mujeres. Puedo oír el conocido estribillo: «Debería haber mantenido las piernas cerradas». Si eligió tener relaciones sexuales, entonces eligió quedarse embarazada.

Sí. Nos encanta culpar a las mujeres por disfrutar del sexo. ¿Cómo se atreve a querer tener sexo? Pero es al revés. Una mujer que tiene un orgasmo mientras un hombre la penetra no arriesga nada y no hace daño a nadie. Un hombre que tiene un orgasmo mientras penetra a una mujer lo arriesga todo: arriesga su cuerpo, su salud, sus ingresos, sus relaciones, su estatus social, incluso su vida, y también se arriesga a crear otro ser humano.

La cuestión es que, si eres una persona interesada en reducir los abortos, por extraño que parezca, centrarse en los abortos no es la respuesta. Tampoco lo es centrarse en las mujeres. Las mujeres ya están haciendo el trabajo de prevención del embarazo.

No. Si realmente se quiere reducir los abortos, hay que empezar mucho antes. En lugar de centrarse en los abortos, hay que centrarse en la prevención de los embarazos no deseados. Y para ello, hay que centrarse en prevenir las eyaculaciones irresponsables.

Si te centras únicamente en el aborto y en si es un derecho legal o moral, seguirás sin reducir el número de embarazos no deseados, y no reducirás el número de eyaculaciones irresponsables. Pero si te centras en reducir drásticamente el número de eyaculaciones irresponsables, reducirás drásticamente el número de embarazos no deseados y reducirás drásticamente el número de abortos.

Así que podemos ver que este enfoque en los hombres es una decisión práctica. Esta es una calle de un solo sentido, y hemos estado conduciendo por el camino equivocado. Tenemos que centrarnos en los hombres y detener las eyaculaciones irresponsables. Todo lo demás —reducir los embarazos no deseados, reducir los abortos— se deriva de este enfoque crítico.

RESPONSABILIZAR A LOS HOMBRES DE SUS ACTOS NO CONVIERTE A LAS MUJERES EN VÍCTIMAS

Llegados a este punto, es posible que pienses: ¿los hombres causan todos los embarazos no deseados? Esto no puede ser correcto. Esto parece demasiado desigual; no parece justo. Esto le quita a la mujer su capacidad de acción y su responsabilidad. ¿Se supone que debemos pensar que las mujeres son criaturas indefensas sin poder de decisión en todo esto? ¿No estamos pintando a las mujeres como débiles? ¿No las estamos convirtiendo en víctimas?

No. No estoy quitando la responsabilidad a las mujeres, sólo estoy recordando a los hombres la suya. Exigir a los hombres que rindan cuentas de sus actos no convierte a las mujeres en víctimas. Pedir a los hombres que asuman alguna responsabilidad no es lo mismo que permitir que las mujeres no asuman ninguna.

Sacar el tema de los hombres o sus responsabilidades no es en realidad un comentario sobre las mujeres en absoluto.

Permíteme ofrecer otra analogía. Imagina que dos adolescentes, Jennifer y David, tienen que trabajar en un proyecto de grupo en la escuela. Jennifer hace casi todo el trabajo. Alguien le dice a David: «¿Te has dado cuenta de que Jennifer está haciendo casi todo el trabajo? Tienes que dar un paso adelante». ¿Significa eso que Jennifer ya no tiene que hacer su trabajo? No. Significa que David debe responsabilizarse de su parte del trabajo y hacerlo realmente.

Responsabilizar a los hombres no implica que las mujeres no tengan control sobre su vida sexual o que sólo sean víctimas pasivas. Si digo que «las eyaculaciones irresponsables causan embarazos no deseados», ¿es lo mismo que decir que las mujeres no pueden elegir cuándo tener sexo, por qué tenerlo, cómo tenerlo o con quién tenerlo? No.

Si la preocupación subyacente sigue siendo la injusticia de decir que los hombres causan todos los embarazos no deseados, si te preocupa que las mujeres no tengan que ser responsables, tranquilízate. Recuerda que si el hombre eyacula de forma irresponsable y provoca un embarazo no deseado, la mujer no tiene más remedio que lidiar con ese embarazo. ¿Cómo se puede absolver a una mujer del resultado de un embarazo no deseado? No se puede. No puede ser absuelta. Ya sea que lleve adelante el embarazo completo, tenga un aborto espontáneo o aborte, tiene que enfrentarse a ello de una forma u otra. Por otro lado, ¿se te ocurren ejemplos comunes en los que el hombre queda absuelto de las consecuencias de un embarazo no deseado? (¡Yo sí!).

Si crees que debería responsabilizar más a las mujeres de la prevención del embarazo, estás de suerte: las mujeres ya son responsables de la prevención del embarazo. Las mujeres ya realizan la mayor parte del trabajo de prevención del embarazo. La carga del control de la natalidad, los efectos del control de la natalidad y las consecuencias del fracaso del control de la natalidad recaen esencialmente en las mujeres.

Curiosamente, cuando señalo que actualmente se espera que las mujeres realicen la mayor parte de la prevención del embarazo, creo que nunca he oído a nadie decir: «Esto no puede estar bien. Esto parece demasiado desigual; no parece justo». El desequilibrio sólo parece estar fuera de lugar si se aplica a los hombres. Piénsalo tú mismo. Seguramente, si consideras que mi mera sugerencia de que los hombres causan todos los embarazos no deseados es injusta, ¿no sentirías la misma incomodidad ante la realidad tan cierta de que las mujeres hacen casi todo el trabajo de prevención de embarazos? ¿No es eso igual de injusto?

Las mujeres deben ser responsables de sus propios cuerpos y fluidos corporales. Actualmente asumen esa responsabilidad, y deberían seguir haciéndolo. Simplemente señalo que los hombres también deben ser responsables de sus propios cuerpos y fluidos corporales.

Una mujer es 100 % responsable de su propio cuerpo y de sus fluidos corporales. Un hombre es 100 % responsable por su propio cuerpo y sus propios fluidos corporales. Señalar que los hombres tienen fluidos corporales que pueden causar un embarazo y que, por lo tanto, los hombres deben responsabilizarse de esos fluidos corporales, no elimina la responsabilidad de las mujeres ni las convierte en víctimas. No dice nada sobre las mujeres en absoluto.

LA DESIGUAL DINÁMICA DE PODERES ENTRE HOMBRES Y MUJERES ES REAL Y PUEDE VOLVERSE VIOLENTA RÁPIDAMENTE

Estados Unidos (y la mayor parte del mundo) es una sociedad patriarcal orientada al placer del hombre. La presión cultural para que una mujer favorezca el placer de un hombre por encima de la protección de su propio cuerpo es masiva y no muy bien entendida o reconocida por nuestra cultura en su conjunto. Decir que una mujer debería insistir en un preservativo ignora la desigual dinámica de poder que existe entre hombres y mujeres, quizá especialmente cuando se trata de sexo. Es similar a decir que las mujeres que son acosadas sexualmente por su supervisor en el trabajo «sólo tienen que hablar», como si ésa fuera una forma sencilla y fácil de resolver el problema. Sabemos que es más complicado que eso.

CONCURSO DE PREGUNTAS Y RESPUESTAS PARA HOMBRES

Es muy fácil decir que las mujeres simplemente tienen que exigir al hombre que se ponga el preservativo, pero aquí hay algunas preguntas que te ayudarán a imaginar lo que eso significa realmente. Mientras lees las preguntas, imagina la dinámica de poder en juego.

○ Antes de las relaciones sexuales, ¿has evitado alguna vez hablar de los condones o del control de la natalidad y has esperado a que tu pareja dijera algo?

○ ¿Alguna vez has insinuado a tu pareja, o le has dicho directamente, que el sexo se siente mejor sin preservativo?

○ ¿Has dado por hecho que tu pareja tendrá preservativos o se encargará de la anticoncepción?

○ ¿Alguna vez has pensado: *Bueno, si se queda embarazada, puede abortar o ir a comprar la píldora del día después*?

○ ¿Has negociado alguna vez con tu pareja que no usarás preservativo, pero prometes tenerlo?

○ ¿Alguna vez has prometido eyacular fuera y no lo has hecho? (Ten en cuenta que eso es una agresión).

○ ¿Te has quitado alguna vez un preservativo durante el sexo sin decírselo a tu pareja? (Se llama *stealthing* y, sí, también es una agresión).

○ ¿Le has dicho alguna vez a tu pareja que los preservativos no te sirven, que no te quedan bien, que siempre se rompen cuando los usas?

○ ¿Alguna vez has suspirado o puesto los ojos en blanco ante la sugerencia de utilizar un preservativo?

○ ¿Has asumido alguna vez que no necesitas un preservativo porque tu pareja toma la píldora?

○ ¿Has asumido alguna vez que, si no quieres usar preservativo, es tu pareja la que debe decir que no al sexo?

○ ¿Alguna vez has rechazado un preservativo y luego has culpado a tu pareja por no marcharse y has pensado en ella como la irresponsable?

○ ¿Crees que la gente debería cubrirse la boca y la nariz cuando estornuda para no rociar gérmenes por todas partes, pero no crees que debas preocuparte por dónde acaba tu esperma?

○ ¿Has insinuado alguna vez que, si tu pareja se niega a tu petición de tener sexo sin preservativo, le harás daño o le pondrás las cosas difíciles, dolorosas o desagradables? (Esto es coerción sexual. Si conoces a alguien que haya hecho esto, debería estar en la cárcel).

○ ¿Eres consciente de la presión cultural, psicológica y emocional que se ejerce sobre las mujeres para que sean las únicas responsables de evitar los embarazos no deseados?

○ ¿Eres consciente de la presión que sufren las mujeres para aceptar tener relaciones sexuales sin preservativo para no defraudar a los hombres, para no desagradar a los hombres y para no arriesgarse a disminuir el placer de los hombres?

○ ¿Alguna vez has hecho chistes o te has reído de los chistes sobre hombres que prometen acabar fuera, pero luego no lo hacen? (Ja, ja, ja, agredirla y embarazarla contra su voluntad es muy gracioso).

○ ¿Has evitado hacerte una vasectomía porque crees que te va a doler, o que el sexo será menos placentero después, o que serás menos hombre, aunque crees que las mujeres deberían estar dispuestas a ponerse un DIU (que puede ser igualmente doloroso e invasivo pero se administra sin alivio del dolor)?

○ ¿Has accedido alguna vez a mantener relaciones sexuales sin preservativo, aun sabiendo que tu pareja no tomaba anticonceptivos? ¿Por qué? Aunque ella estuviera de acuerdo, ¿por qué ibas a arriesgar así su salud y su vida? ¿Has pensado en la presión cultural que debe sentir ella para aceptar algo que es esencialmente un daño para sí misma?

○ ¿Entiendes que tú y sólo tú eres 100 % responsable de tus propios fluidos corporales?

La realidad a la que se enfrentan las mujeres es que, si dicen no al sexo, o no al sexo sin protección, el hombre puede responder con violencia e ira. Esto puede ser algo difícil de imaginar si no te acuestas habitualmente con personas que pesan el doble que tú y pueden romperte el cuello fácilmente.

En las discusiones sobre esta dinámica de poder y los embarazos no deseados, es especialmente irritante cuando oigo a un hombre decir: «¿Por qué no le obliga a ponerse un preservativo?». ¿Por qué me resulta tan irritante? Porque 1) Los hombres admiten de buen grado que temen a otros hombres: no les gusta enfrentarse a otros hombres o criticarlos públicamente por miedo a las repercusiones. Si los hombres tienen miedo de enfrentarse o criticar a otros hombres, ¿por qué no lo tendrían las mujeres? 2) Los hombres son conscientes de que, en general, suelen tener el doble de fuerza física que las mujeres. 3) No es un secreto que algunos hombres se vuelven violentos cuando son rechazados. Y, sin embargo, sabiendo estas tres cosas, muchos hombres piensan que es una petición sencilla y fácil para una mujer insistir en que un hombre use un condón, o negarle el sexo si no lo usa. Si a los hombres se les pusiera en la misma situación que a las mujeres —hacer una petición incómoda a alguien que puede tener el doble de su fuerza y podría volverse violento—, ¿estarían dispuestos a hacerlo?

Las mujeres pueden ser rechazadas emocionalmente, podrían ser verbal o físicamente asaltadas, echadas de sus casas o hasta violadas. Esa ira y esa violencia puede provenir de un hombre al que no conocen muy bien, pero es mucho más probable que provenga de un novio, un marido u otra relación establecida.

En Norteamérica, una de cada cuatro mujeres sufrirá una agresión sexual a lo largo de su vida. En un estudio, entre el 30 % y el 35 % de los hombres admiten que violarían si creyeran que pueden salirse con la suya legalmente. En una encuesta realizada a 22.000 mujeres en Gran Bretaña, el 51 % respondió que se había despertado con un compañero teniendo sexo con ellas o realizando actos sexuales sobre ellas. Para muchas mujeres jóvenes, la violencia se ha convertido incluso en una parte esperada de las relaciones sexuales consentidas: si las mujeres no están dispuestas a ser estranguladas o abofeteadas o a sufrir cualquier otro tipo de daño, se las tacha de «suaves» y se las rechaza.

Y hay muchas mujeres que han mantenido relaciones sexuales consensuadas pero coercionadas, incluidas las que están en matrimonios o relaciones abusivas. (Cuando mires las estadísticas, recuerda que las relaciones sexuales hechas bajo coerción no se contabilizan en las cifras como no consentidas). Si la mujer queda embarazada y da a luz, significa que ahora está atada a su maltratador por la custodia. Significa que la persona maltratada tiene ahora un hijo del que el maltratador también puede abusar.

El asesinato es la principal causa de muerte de las mujeres embarazadas, a menudo cometido por el hombre que las embarazó. Si esto no subraya la dinámica de poder en las relaciones sexuales, no sé qué lo hará.

Cuando se sacan a relucir datos sobre el maltrato, es habitual escuchar estribillos como: ¿Por qué las mujeres no eligen mejores hombres? ¿Por qué se acuestan con maltratadores?

Quiero decir... ¿tienes una lista? ¿Una lista de todos los hombres que las mujeres deberían evitar? Si tienes alguna forma segura de distinguir a los hombres abusivos de los que no lo son, nos gustaría escucharla. La realidad es que los hombres no son mejores que las mujeres para identificar a los hombres abusivos en sus vidas. Estadísticamente, todos los hombres conocen a maltratadores en la vida real: hay maltratadores entre sus compañeros de trabajo, sus vecinos, su grupo de amigos y su congregación de la iglesia. Pero los hombres no parecen saber cuáles de los otros hombres que conocen son abusivos. Entonces, ¿por qué podrían las mujeres saber esto?

No preguntes: ¿Por qué las mujeres no eligen mejores hombres? En su lugar, pregunta: ¿Por qué hay tantos hombres abusivos? Y: ¿Por qué no enseñamos a los hombres a no abusar?

La desigual dinámica del poder sexual es algo en lo que todos estamos inmersos. Farida D., investigadora de género y poeta árabe, lo describe bien en su libro *The 8th List of Shit That Made Me a Feminist*:

> *El patriarcado nos enseña que el sexo, para las mujeres, es un regalo que dar, mientras que para los hombres es un regalo que recibir.*
>
> *Ella se preserva, se entrega al hombre adecuado y entonces pierde su virginidad. En esta ecuación, no hay nada en el sexo que sea para que ella reciba. Mientras que él toma y recibe, no hay nada que él dé. Cuando la mente de la mujer está programada para dar, ella duda en decir «no». Cuando la mente de él está programada para recibir, le cuesta aceptar el «no».*

N.º 18

UNA MUJER NO PUEDE ESCAPARSE DE SU EMBARAZO

Una vez que el hombre provoca un embarazo no deseado, la mujer no puede decidir si se enfrenta o no al embarazo. Al final, tiene que tomar una decisión. ¿Debe continuar con el embarazo y dar a luz? ¿Podrá mantener su trabajo? ¿La rechazará su familia? ¿Cómo pagará los gastos médicos? ¿Tiene recursos para criar al niño? ¿Puede abortar? ¿Está permitido en su país? ¿De cuánto tiempo está? ¿Tiene fondos para viajar a otro estado si es necesario? ¿Considera la posibilidad de darlo en adopción? En caso afirmativo, ¿podrá mantener el contacto con el niño durante toda su vida mediante una adopción abierta? ¿Cambiará de opinión sobre la cesión a medida que continúe el embarazo o después del nacimiento?

El hombre puede optar por no participar en esta enorme carga psicológica.

Al señalar que las eyaculaciones irresponsables son la causa de todos los embarazos no deseados, algunas personas parecen pensar que, si aceptan esta premisa, esa aceptación cambiará mágicamente quién acaba soportando las consecuencias físicas del embarazo. Nos hace sentir bien pensar que los hombres podrían compartir la responsabilidad de su eyaculación con las mujeres. Pero, ¿compartir cómo? ¿Lleva él la mitad del embarazo? ¿Vive la mitad del parto? ¿Amamanta la mitad de los días?

Los hombres gestan, abortan, sufren complicaciones, dan a luz y mueren en el 0 % de los embarazos no deseados. Los hombres pueden abandonar, y muchos abandonan, los embarazos. Las mujeres no pueden.

NO SOMOS HONESTOS RESPECTO AL EMBARAZO Y EL PARTO

Las realidades negativas del embarazo y el parto —física, emocional, económica y socialmente— no se representan con exactitud en los debates sobre el aborto.

Cualquier mujer que experimente un embarazo y un parto debe esperar cambios negativos permanentes en su cuerpo, incluyendo cicatrices, dolor y pérdida de funciones. Puede parecer una afirmación extrema, pero yo diría que sólo lo es porque nuestra cultura minimiza sistemáticamente lo que experimentan las mujeres durante el embarazo y el parto. Como ejemplo de esto, he tenido seis embarazos «saludables» según todos los manuales. Y si me hubieran preguntado después de cada uno de ellos si había experimentado cicatrices, dolor o pérdida de funciones, habría pensado en todas las mujeres que conozco que tuvieron embarazos/partos médicamente aterradores y habría respondido rápidamente: «No, mis embarazos fueron muy sencillos, sin grandes problemas médicos». Y aunque es cierto que mis embarazos fueron muy sencillos, si pienso en ello durante más de un momento, puedo identificar las cicatrices, el dolor y la pérdida de funciones que mi cuerpo ha experimentado definitivamente por el embarazo y el parto.

Si se observa con detenimiento, el proceso de embarazo y parto es bastante horroroso. Dos cosas pueden ser ciertas a la vez: El embarazo y el parto son alucinantes y milagrosos, y son algunas de las cosas más peligrosas y dañinas que un cuerpo puede experimentar.

El embarazo y el parto pueden modificar la estructura del esqueleto. La vagina puede caerse literalmente después de tener un bebé, lo que se llama prolapso de órganos pélvicos. Es habitual que los pies crezcan una talla o más (despídete de todos los pares de zapatos que tienes). La madre puede experimentar grave pérdida de densidad ósea a medida que el feto absorbe el calcio del cuerpo de la madre.

Puede haber problemas a corto plazo, como la caída del cabello, un coxis roto, cálculos renales, náuseas y vómitos extremos que dañan el esófago, costillas rotas, pérdida masiva de sangre, hemorroides y la curación de un desgarro genital de tercer grado con más de treinta puntos de sutura. Puede haber problemas de por vida, como una hipertensión arterial crónica que puede provocar un derrame cerebral y un suelo pélvico dañado que provoca pérdidas de orina cada vez que se estornuda. El embarazo y el parto pueden provocar nuevas alergias, depresión, infecciones uterinas, la necesidad de extirpar la vesícula biliar, artritis reumatoide e infertilidad.

El embarazo y el parto pueden cambiar la forma en que se mueve el cuerpo. Cuando les pido a las mujeres que me cuenten lo que el embarazo y el parto han hecho a sus cuerpos, siempre recibo descripciones como: «El embarazo ha hecho que no pueda levantar los brazos ni hacer abdominales y que ya no pueda tumbarme en el suelo». El cuerpo de una embarazada puede experimentar una disfunción de la sínfisis del pubis (SPD), también llamada dolor de la cintura pélvica (PGP). Esto se produce cuando las hormonas que permiten que la pelvis se separe durante el parto se liberan demasiado pronto, y puede hacer que sea muy difícil caminar.

El embarazo y el parto pueden cambiar el aspecto del cuerpo: cicatrices de episiotomías, cicatrices vaginales, cicatrices de cesáreas, cicatrices de líneas de catéteres centrales de inserción periférica y cicatrices muy extendidas en la sección media, los muslos, las nalgas y los pechos debido al rápido estiramiento de la piel. La diástasis (separación de los músculos abdominales) es frecuente. También lo es el aumento de peso. Y no te olvides de los pechos caídos.

Por lo general, se espera que las mujeres afronten estos problemas y cambios corporales sin quejarse, y que acepten plenamente que estos cambios forman parte de la maternidad. Algunas de estas cuestiones se convierten en bromas culturales, como que una mujer diga que no gracias a saltar en el trampolín porque se orinará en los pantalones si lo hace. Intento imaginar cómo reaccionaría nuestra cultura si los hombres con hijos se mearan encima cada vez que saltaran o estornudaran. No creo que la comunidad médica estuviera de acuerdo con eso. Creo que el tema ya estaría resuelto. Hablando de eso, algunos de los problemas provocados por el embarazo y el parto pueden resolverse o mejorarse con una intervención médica, pero el seguro puede o no cubrir los costes dependiendo de si el procedimiento se considera o no cosmético.

Y luego está el dolor. El embarazo y el parto... *duelen.* Dolores de espalda, cefaleas, nervios pinzados, piel estirada, pechos hinchados. A pesar de lo incómodo que puede ser, no se suele ofrecer alivio del dolor durante el embarazo, por miedo a dañar al feto en desarrollo.

Durante el parto, se puede ofrecer una epidural o una espinal, pero no siempre son fiables y tienen sus propios efectos secundarios negativos. Durante el parto de mi cuarto hijo, me pusieron una espinal. El efecto de las espinales desaparece al cabo de poco tiempo, dependiendo de la dosis, y la mía desapareció antes del parto. Pude experimentar un respiro de los dolores de parto durante un par de horas, pero sentí toda la dolorosa fuerza del parto, así como todo el dolor de las horas y horas de contracciones antes de la espinal.

Cuando empujas a un humano fuera de tu cuerpo y te desgarras los músculos y la piel de los genitales, la gestión del dolor posparto empieza y termina con la toma de un ibuprofeno (pero no demasiados, porque no quieres envenenar la leche materna).

A mucha gente le gusta imaginar el embarazo como una aventura sin riesgos, pero el embarazo y el parto pueden matarte. Es cierto que en siglos anteriores era mucho más frecuente morir durante el parto y, afortunadamente, hemos hecho grandes progresos para que la experiencia sea más segura. Sin embargo, sigue siendo intrínsecamente peligroso. Algunas estadísticas para ilustrar esta realidad:

- Pasar por un embarazo y un parto en Estados Unidos tiene casi 1,5 veces más probabilidades de matarte que los accidentes de tráfico (hay 17,4 muertes por cada

100.000 embarazos al año, y 11,7 muertes por cada 100.000 personas por conducir cada año).

- En todo el mundo, las tasas de mortalidad materna están disminuyendo. Al mismo tiempo, en Estados Unidos, las tasas de mortalidad materna están aumentando: se han duplicado con creces en las últimas tres décadas. Estas muertes afectan de forma desproporcionada a las mujeres negras, lo que hace que la experiencia del embarazo y el parto sea mucho más peligrosa para ellas.

- En todo el mundo, 800 personas mueren cada día por causas relacionadas con el embarazo y el parto.

- En Estados Unidos, entre 700 y 900 mujeres mueren cada año por causas relacionadas con el embarazo y el parto.

- Por cada mujer que muere, hasta 70 sufren hemorragias, fallos orgánicos u otras complicaciones importantes. Eso supone aproximadamente entre 49.000 y 63.000 personas al año.

- Estados Unidos, uno de los países más ricos del mundo, ocupa el puesto 56 en mortalidad materna, es decir, el último lugar entre los países industrializados.

- La principal causa de muerte de las mujeres embarazadas en Estados Unidos es el homicidio, generalmente a manos de su pareja.

Dar a luz es un trabajo peligroso. Podría decirse que es el trabajo más peligroso. Tendemos a pensar que el trabajo más peligroso lo realizan los hombres en profesiones predominantemente masculinas, como los bomberos y los policías.

Pero nuestras suposiciones son erróneas. Como se menciona en la lista anterior, en Estados Unidos la tasa de mortalidad por embarazo es de 17,4 por cada 100.000 personas. La tasa de asesinatos en servicio de los agentes de policía es de 13,5 por cada 100.000 personas. Lo que significa que una mujer embarazada tiene más probabilidades de morir debido a ese embarazo que un agente de policía de ser asesinado en el trabajo.

Y no es sólo que el embarazo y el parto sean más peligrosos que otros trabajos, sino que el 86 % de las mujeres realizan este peligroso trabajo, y la mayoría lo hace más de una vez. El futuro de la raza humana depende de que la gran mayoría de las mujeres estén dispuestas a hacer esta cosa increíblemente dura y peligrosa.

No hay nada igual de peligroso que pudiéramos suponer que el 86 % de los hombres esté dispuesto a hacer. Este hecho debería hacernos replantear nuestra percepción social del riesgo y el peligro. Si se nos pidiera que enumeráramos a los más valientes de entre nosotros que realizan trabajos peligrosos o actividades arriesgadas, esperaría que la gente nombrara a los socorristas o a los bomberos, a los escaladores o a los paracaidistas; dudo que alguien mencionara a las mujeres embarazadas.

Los hombres son famosos por no poder soportar el dolor cuando se conectan a un simulador de cólico menstrual. Los hombres no aceptarían los efectos secundarios de una píldora anticonceptiva masculina. Sin embargo, los hombres esperan que las mujeres experimenten embarazos que las mutilan de forma rutinaria y que incluso pueden matarlas. Creo que es seguro decir que, si el sexo fuera tan arriesgado para los hombres como lo es para las mujeres —con un embarazo no deseado que podría llevar a la pérdida del estatus social, la pérdida de la carrera, la interrupción de su educación, la discapacidad física, la muerte y la responsabilidad permanente de otro ser humano—, los hombres insistirían en tener mayores opciones.

El embarazo es arriesgado y peligroso. No podemos tener un debate significativo sobre el embarazo no deseado, o el aborto, sin reconocer este hecho.

Entonces, ¿por qué no hablamos abiertamente de los peligros del embarazo y el parto? ¿Por qué los riesgos no son de dominio público? Se me ocurren dos razones.

En primer lugar, existe la preocupación de que, si las mujeres reconocen que su embarazo y su parto fueron difíciles, esto implica de alguna manera que no querían a su bebé o que no quieren a su hijo. Algunas mujeres tienen un embarazo relativamente fácil, otras no. Independientemente de su experiencia, la mayoría de las mujeres se ven presionadas para decir que están disfrutando del embarazo.

En segundo lugar, parece ser una especie de instinto de preservación de la raza humana: es como si hubiéramos evolucionado para no mirar demasiado de cerca las realidades del embarazo y el parto. La gente no quiere oír que el embarazo y el parto pueden ser tan horribles, porque si fuéramos honestos sobre lo difícil que es, y cómo cambiará permanentemente tu cuerpo, quizás menos mujeres estarían dispuestas a soportarlo.

Cuando se habla del embarazo y el parto, es bueno recordar que 1) es fácil trivializar los riesgos que quieres que corran los demás, riesgos que tú mismo no experimentarás, y 2) como el embarazo y el parto son tan comunes, es fácil descartarlos como un inconveniente menor de sólo nueve meses (rematado con un poco de empuje), cuando son mucho más.

LAS REALIDADES Y CARGAS DE LA PATERNIDAD SON INCONMENSURABLES

Los retos inherentes a la crianza de los hijos son tan numerosos que podría llenar mil páginas describiéndolos. Los que insisten en que las mujeres deben limitarse a soportar embarazos no deseados nunca reconocen estos retos.

Criar a la siguiente generación de niños sanos y felices siempre ha supuesto un enorme trabajo y, aunque avancemos, seguimos haciendo la maternidad más difícil.

A pesar de las múltiples olas de feminismo, el trabajo de criar a los hijos en Estados Unidos sigue siendo en gran medida una carga que recae sobre las mujeres. Y ser madre es duro. Incluso en los hogares biparentales, el 70 % de las mujeres afirman que son responsables en su totalidad o en su mayor parte de las tareas domésticas, y el 66 % afirman que son responsables en su totalidad o en su mayor parte del cuidado de los niños (no he podido encontrar un porcentaje para el trabajo mental/emocional de gestionar una familia, pero siéntete libre de estimarlo). Además, un gran número de mujeres son las únicas que cuidan de sus hijos: según el Pew Research Center, las madres son las únicas o principales proveedoras en el 40 % de los hogares con hijos. E incluso cuando se dispone de apoyo financiero, es sólo un factor en la montaña de tareas que se requieren para criar a los hijos.

Hay habilidades que deben aprenderse: cómo bañar a un niño, cómo cambiar un pañal, cómo enseñar a ir al baño, cómo preparar una comida sana. Hay un sinfín de tareas: hacer la compra, lavar la ropa, satisfacer las necesidades emocionales, la educación del niño, asegurarse de que duerme lo suficiente, comer y hacer ejercicio. Hay interrupciones en los horarios y descarrilamiento de las carreras profesionales. La cantidad de papeleo necesario para los niños es difícil de entender: certificados de nacimiento, solicitudes de número de la Seguridad Social, formularios de historial médico, cartillas de vacunación, solicitudes de escolarización, invitaciones sociales, facturas que pagar para que todo funcione… solo el papeleo no se acaba nunca.

Y se da por sentado que las madres harán todas esas otras cosas (recados, papeleo, preparación de la cena, tareas domésticas, etc.) mientras cuidan de su hijo. Pero el cuidado del niño es una tarea continua en sí misma. No se debería esperar que las mujeres «hagan cosas» mientras cuidan de su hijo. Cuidar de su hijo ya es lo que están haciendo.

Es una ocupación de 24 horas al día. No hay días de vacaciones ni de enfermedad ni tiempo libre pagado por la maternidad. Y no puedes retirarte del trabajo hasta que te mueras.

Hay una historia clásica de la vida real sobre nuestra falta de voluntad para afrontar las realidades de la paternidad cuando se habla de embarazos no deseados.

Un mes de febrero, una mujer llamada Jamie Jeffries se sentía orgullosa de sí misma por haber convencido a una mujer para que continuara con un embarazo no deseado en lugar de abortar. Finalmente, el bebé nació y, desgraciadamente, seis meses después, por la seguridad del bebé, el gobierno le retiró la custodia a la familia. Jamie se enteró de esto porque la madre del bebé había incluido a Jamie en la lista de «colocación preferida» para este bebé.

Jamie se sorprendió y se molestó de que alguien esperara que ella cuidara del niño. Respondió: «No. ¡No, no, no, no, no, no! Ya tengo demasiado con este trabajo, un bebé de seis meses me destrozaría, destruiría mi matrimonio y mi salud física. No puedo».

Todas estas son razones legítimas por las que una mujer puede querer interrumpir un embarazo no deseado en primer lugar. La maternidad es dura, y exigirla a los demás, mientras no estás dispuesta a hacerlo tú misma, no está bien.

Estados Unidos, en particular, es un lugar difícil para ser madre. Tiene una sanidad inaccesible y cara, no hay permisos remunerados en el trabajo, las infraestructuras se desmoronan (incluidas las escuelas públicas) y apenas hay una red de seguridad social cuando las cosas van mal. Todos los intentos de mejorar nuestras políticas encuentran resistencia. En su lugar, las mujeres reciben mensajes de que todo irá bien si nos esforzamos un poco más, renunciamos a dormir, conseguimos un trabajo extra y nos sacrificamos por el bien común, sin dejar de estar guapas, por supuesto.

Y sí, entiendo que hay muchos padres y otros cuidadores secundarios que contribuyen con tiempo, energía y recursos sustanciales a la crianza. Aun así, criar a un niño supone una cantidad de trabajo inconmensurable.

El caso es que podría intentar hacer una lista exhaustiva de todas las tareas de la crianza y de todos los costes financieros, y llenaría docenas de cuadernos; y, sin embargo, no captaría lo que significa ser padre, ser responsable de un ser humano completamente distinto. Sigo utilizando esta palabra porque encaja: La carga existencial y emocional de ser padre es inconmensurable.

EL EMBARAZO NO DEBE SER UN CASTIGO

Uno de los argumentos recurrentes de los antiabortistas es que el embarazo es el castigo para una mujer que tiene relaciones sexuales por diversión en lugar de por reproducción. El argumento es que, si se queda embarazada y luego aborta, «se va de rositas».

Las sugerencias triviales de que las mujeres tienen que convertirse en madres, que las mujeres que no quieren estar embarazadas sólo tienen que lidiar con tener un bebé, que las responsabilidades de crianza de por vida son una consecuencia o «castigo» apropiado para una mujer que tuvo relaciones sexuales son realmente descabelladas.

Alrededor del 60 % de las mujeres que abortan ya son madres, así que, si tener un bebé y criarlo es un castigo, entonces ya están siendo castigadas. Pero además, ¡ningún niño debería existir como castigo! Todos los niños merecen ser deseados y esperados.

Esto debería ser obvio: ser deseado ayuda literalmente a los niños a prosperar. Y no sólo eso, las investigaciones demuestran que los resultados de los niños nacidos de embarazos no deseados no son buenos. Los niños nacidos de embarazos no deseados pueden experimentar una falta de apego a sus madres, un retraso en el desarrollo cognitivo y emocional y una mayor probabilidad de sufrir violencia doméstica. Además, el embarazo como castigo no tiene sentido. Hay que tener en cuenta que los cuerpos de las mujeres abortan espontáneamente entre el 40 % y el 60 % de los embriones entre la fecundación y el nacimiento: se denominan abortos espontáneos si se producen antes de las veinte semanas de embarazo, y se llaman mortinatos si se producen después de las veinte semanas. Si un hombre embaraza a una mujer, ¿qué ocurre si su cuerpo aborta? ¿Es necesario volver a embarazarla para que termine el castigo?

La idea del embarazo como castigo no tiene sentido.

LA ADOPCIÓN NO ES UNA ALTERNATIVA AL ABORTO

Empecemos por esto: La gran mayoría de las personas interesadas en renunciar a su hijo mediante la adopción nunca se plantean seriamente el aborto. Y en el caso de las personas a las que se les niega el acceso al aborto, el 91 % sigue sin elegir la adopción. En relación con esto, la tasa de adopción actual de las personas a las que se les deniega el aborto es la misma que la tasa anterior a la de cuando se permitía por el caso Roe.

La gente pregunta: En lugar de abortar, ¿has considerado la adopción? Como si fueran dos opciones comparables. Pero, según estas estadísticas, las personas embarazadas ven estas opciones como no relacionadas, no como alternativas la una a la otra.

La adopción se presenta como una solución fácil para el aborto. ¿Te has quedado embarazada y no quieres tener el bebé? Sólo tienes que sacrificar tu vida durante nueve meses, pasar por el penoso proceso del parto, y podrás realizar sin problemas el heroico acto de dar al niño en adopción. Las agencias se encargarán de todos los detalles para que no haya complicaciones ni para ti ni para el niño. Una vez que renuncies al niño, será un borrón y cuenta nueva para ti y un borrón y cuenta nueva para el niño. Un clásico en el que todos ganan.

Como cultura, estamos empezando a entender que esta narrativa es profundamente defectuosa. La adopción no suele ser un camino de rosas para ninguno de los implicados. El relato real incluye problemas bien documentados y generalizados en la «industria de la adopción» (corrupción, trauma, tráfico de personas) que pueden tener repercusiones negativas de por vida para el niño y la madre biológica.

Y, sin embargo, el apoyo a la adopción es una cuestión bipartidista y unificada en Estados Unidos. Y prácticamente todas las representaciones de los medios de comunicación señalan la adopción como un acto de bondad y amor. Decidimos no desafiar esta narrativa porque es reconfortante pensar en la adopción como un bien social. Es difícil enfrentarse a las duras verdades en las que todos estamos implicados —y todos estamos implicados, porque las vidas de todos se ven afectadas por la adopción.

Aunque no se suele hablar de ello, una de las principales razones por las que las mujeres embarazadas no están interesadas en la adopción es que renunciar a un bebé puede ser una experiencia muy traumática. En el libro de Ann Fessler *The Girls Who Went Away: The Hidden History of Women Who Surrendered Children for Adoption in the Decades Before Roe v. Wade* (Las chicas que se fueron: la historia oculta de las mujeres que entregaron a sus hijos en adopción en las décadas anteriores a Roe contra Wade), las mujeres describen que se preocupan todos los días de su vida por el bebé al que fueron presionadas u obligadas a renunciar y que nunca se sienten aliviadas por la experiencia. Una mujer que había renunciado a un hijo y que posteriormente abortó dijo que las personas que afirman que el trauma del aborto es tan grave como el trauma de la renuncia no tienen ni idea de lo que están hablando.

El abandono no es sólo traumático para la madre. Cada vez hay más estudios que demuestran que también supone un trauma de por vida para el niño. Y esto debería ser obvio si tenemos en cuenta que la mayoría de los adoptados en Estados Unidos no tienen sus certificados de nacimiento originales. Es cierto. Una adopción legal cambia el certificado de nacimiento de un bebé y separa legalmente al niño de su familia biológica. No sólo separa al niño de su madre biológica, sino también de su padre biológico, de sus tíos, abuelos y primos de ambos lados de la familia, de todo su árbol genealógico y de sus vínculos de ADN.

Los adultos que fueron adoptados cuando eran bebés han creado un movimiento para concienciar sobre el trauma de la adopción. Algunos no descubrieron que eran adoptados hasta que se hicieron adultos, y la revelación sacudió los cimientos de su existencia. Algunos fueron adoptados de otra cultura y se les negó la oportunidad de conocerla, lo que les hizo sentirse fuera de lugar en cualquier cultura. Algunos saben que fueron adoptados y temen salir accidentalmente con alguien con quien comparten el ADN. Algunos experimentan ansiedad al no conocer el historial médico de sus familias biológicas y los tipos de problemas médicos a los que podrían enfrentarse. Algunos se someten a pruebas de ADN cuando son adultos y reciben la emotiva noticia de que tienen medios hermanos o hermanos completos de los que no sabían nada.

La adopción no siempre tiene el final de cuento de hadas que nos han vendido. No debe abordarse de forma casual o a la ligera y, siempre que sea posible, debe darse prioridad a todos los esfuerzos por mantener al bebé con sus padres biológicos. La adopción no debe considerarse una solución fácil para un embarazo no deseado.

HAY CERO CONSECUENCIAS PARA LOS HOMBRES QUE EYACULAN IRRESPONSABLEMENTE

Si un hombre eyacula de forma irresponsable y provoca un embarazo no deseado, no tiene ninguna consecuencia. Puede marcharse en cualquier momento, y nuestra cultura actual no hace mucho (¿o nada?) para desalentarlo.

Si la mujer quiere tomar el plan B para evitar un embarazo, es ella la que debe conseguirlo y pagarlo (con sus propios fondos o pidiendo dinero a otra persona). Si la mujer decide abortar, es posible que el hombre nunca sepa que ha provocado un embarazo no deseado con su eyaculación irresponsable, y sigue siendo la mujer la que tiene que hacer los arreglos y pagar para conseguirlo (de nuevo, con sus propios fondos o pidiendo dinero a otra persona, y eso es suponiendo que pueda ir a un estado donde sea legal).

Si la mujer decide criar al bebé, pero no se lo dice al hombre, o lo da en adopción, es posible que él nunca sepa que ahora hay un niño que anda por ahí con el 50 % de su ADN.

Si la mujer le dice al hombre que ha provocado un embarazo no deseado y que va a tener el bebé, lo más parecido a una consecuencia para él es que tenga que pagar una pensión alimenticia. Pero nuestro actual sistema de manutención es bien conocido por ser una broma.

Los hombres representan el 85 % de los proveedores de manutención, y sólo el 43,5 % de los padres declaran haber recibido el importe total de la manutención debida. Y se calcula que cada año no se cobran 10.000 millones de dólares en concepto de manutención. En los casos en los que el hombre no quiere pagar la manutención de un hijo, teóricamente, las mujeres tienen recursos legales y pueden obligar al hombre a pagar la manutención, pero, de nuevo, el sistema lo hace extremadamente difícil. Es la madre la que tiene que pagar para demostrar la paternidad, pagar a un abogado y luchar por la manutención en los tribunales.

Hay que tener en cuenta que estas batallas judiciales son excesivamente difíciles de gestionar para alguien que acaba de tener un bebé, al que está intentando alimentar y cuidar. Y en última instancia, aunque dedique tiempo y pague los años de honorarios legales, la mayoría de las mujeres nunca cobran todo el dinero que deberían. Si consigue cobrar, la orden media de manutención de los hijos es de 400 dólares al mes, lo que evidentemente no es ni de lejos lo que se necesita para albergar, vestir, alimentar y educar a un niño, por no hablar de los costes temporales, emocionales y físicos de su crianza.

Nuestra sociedad está preparada para proteger a los hombres de las consecuencias de sus propios actos. Nuestras leyes y políticas no podrían estar mejor diseñadas para proteger a los hombres que abandonan los embarazos que provocan.

Tuve una conversación con una trabajadora social de larga experiencia sobre esto, y ella enumeró ocho formas en que los hombres no enfrentan consecuencias y no son responsables de sus acciones eyaculatorias.

1. No hay leyes que obliguen al padre a pagar la manutención de los hijos sin una orden judicial. No es automático.

2. En muchos estados, la puntuación de crédito no se ve afectada por el impago de la manutención de los hijos.

3. Los padres no son despedidos de su trabajo por dejar embarazada a una mujer.

4. Los padres no tienen que pagar ningún gasto médico por el embarazo o el niño. (En al menos dos estados, se puede exigir legalmente al padre que pague al menos el 50 % de los gastos médicos relacionados con el embarazo. ¿Debemos suponer que la madre tiene que estar dispuesta a luchar por esos pagos —mediante el papeleo y la burocracia de los organismos estatales— de los padres que no están dispuestos a ello?).

5. Los padres no tienen que ausentarse del trabajo durante semanas o meses sin cobrar por complicaciones del embarazo o el parto.

6. Los padres no pierden un céntimo de salario por dejar embarazada a una mujer.

7. Por lo general, los padres no están obligados a pagar los gastos funerarios de un hijo fallecido. (Al menos dos estados consideran que es responsabilidad de ambos padres pagar).

8. Si los padres deciden marcharse en cualquier momento (antes o después de que nazca el niño), no hay consecuencias sociales por abandonar al niño.

Escaparse del embarazo tiene apenas repercusiones. Así que muchos hombres siguen adelante, provocando embarazos no deseados con eyaculaciones irresponsables y sin pensar en ello. Cuando sale el tema del aborto, pueden pensar: El aborto me incomoda. Las mujeres no deberían elegir el aborto. Y no consideran ni una sola vez al hombre que causó el embarazo no deseado.

Nota n.° 1

Podríamos argumentar que hay consecuencias sociales importantes para los hombres que abandonan a sus hijos. Se supone que un hombre así sería castigado y rechazado. Pero no hay forma de saber que un hombre ha abandonado a un hijo a menos que él (o alguien que conozca su comunidad anterior) ofrezca la información.

Nota n.º 2

¿Cómo sería si hubiera consecuencias reales e inmediatas para los hombres que provocan un embarazo no deseado? ¿Qué tipo de consecuencias tendrían sentido? ¿Deberían ser económicas? ¿Pérdida de derechos o libertades? ¿Deberían ser tan duras, dolorosas, nauseabundas, cicatrizantes, costosas, arriesgadas y que alteren la vida como obligar a una mujer a pasar por un embarazo no deseado de nueve meses?

Imaginemos cómo sería legislar el cuerpo de los hombres en lugar del de las mujeres. Imaginemos que al inicio de la pubertad, todos los hombres de Estados Unidos están obligados por ley a almacenar su esperma y a hacerse una vasectomía. Cuando el varón se convierta en un adulto responsable, y tal vez encuentre una pareja, si quiere tener un bebé, puede utilizar el esperma almacenado, o si es necesario, la vasectomía puede ser revertida, y luego rehecha una vez que la etapa de maternidad haya terminado. Esto eliminaría sin duda todos los embarazos no deseados, por lo que parece que sería una legislación bienvenida para cualquiera que se tome en serio el deseo de reducir el aborto.

¿O tal vez te cuesta entender la idea de las consecuencias físicas para los hombres? ¿A pesar de que parece que estamos más que bien con las consecuencias físicas para las mujeres? Eso parece algo que deberíamos abordar como sociedad.

EL ESPERMA ES PELIGROSO

El esperma debe considerarse un fluido corporal peligroso que puede causar dolor, una vida de trastornos e incluso la muerte para algunos. El esperma puede crear a una persona. El esperma puede matar a una persona. Los espermatozoides provocan un embarazo, y el embarazo y el parto pueden provocar problemas de salud física y mental en la mujer, así como repercusiones negativas en su situación social, laboral y económica.

Un hombre que está a punto de eyacular esperma y depositarlo en el cuerpo de una mujer debería ser muy consciente de lo que ese esperma puede hacerle, y debería actuar en consecuencia, es decir, con responsabilidad. Cada vez que tenga relaciones sexuales. Las consecuencias son demasiado grandes para no hacerlo.

Es especialmente importante que los hombres sean responsables de sus propios cuerpos y fluidos corporales porque:

1. Los hombres son siempre fértiles. Nunca tienen que adivinar si es un día fértil; saben que lo es. Son un arma cargada en todo momento.

2. El hombre está al mil por ciento en la mejor posición para prevenir o causar un embarazo debido a la simple fisiología humana.

3. Los preservativos y las vasectomías son más fáciles, más baratos, más seguros, más sencillos y más convenientes que las opciones de control de la natalidad para las mujeres.

Tenemos que enseñar a los hombres lo que significa responsabilizarse de su fertilidad. Tenemos que hacer hincapié en el hecho de que los hombres son fértiles todos los días.

Los hombres andan esencialmente con un arma peligrosa, no con un juguete. La forma en que gestionan su esperma tiene consecuencias de vida o muerte. En la medida en que no hemos subrayado la grave realidad de este hecho, hemos fallado gravemente a hombres y mujeres.

LOS HOMBRES TIENEN MÁS CONTROL DE SUS CUERPOS Y DE SUS IMPULSOS SEXUALES DE LO QUE QUEREMOS ADMITIR

Admito que, como mujer, nunca he sentido el impulso sexual de un hombre. Sólo puedo compararlo con el impulso sexual de una mujer (que no tiene nada que ver con la eyaculación de esperma en una vagina). Sé que los impulsos sexuales de las mujeres son fuertes, pero algunos dicen que los impulsos sexuales de los hombres son mucho más fuertes. ¿Cómo se compara el impulso sexual de la mujer con el del hombre? Bueno, en realidad no lo sabemos.

No hay ningún caso de prueba en el que podamos criar a una mujer fuera de una sociedad patriarcal, donde no se le diga constantemente que el deseo sexual de una mujer es mucho más débil que el de un hombre. Donde no se le diga repetidamente que las mujeres no disfrutan realmente del sexo. Que es normal que una mujer finja un orgasmo durante el sexo para aplacar el ego de un hombre, y que no importa si experimenta placer durante el sexo.

Es cierto que no conozco el alcance de los impulsos sexuales de los hombres. Pero sí conozco los impulsos corporales. Conozco los impulsos que todos los humanos experimentan y que son mucho mucho más fuertes que los impulsos sexuales, tanto para los hombres como para las mujeres: el impulso de orinar y defecar. Son impulsos tan fuertes que, incluso si los ignoro, mi cuerpo tomará el control y actuará según esos impulsos.

Todos los humanos conocemos esos impulsos, pero hemos aprendido a controlarlos. No orinamos en cualquier sitio. Orinamos en los baños. Nos aguantamos hasta llegar allí. Incorporamos las pausas para ir al baño en nuestro día.

No pedimos demasiado cuando esperamos que los hombres controlen sus impulsos sexuales, cuando esperamos que los hombres se responsabilicen de sus propios fluidos corporales, cuando esperamos que los hombres eyaculen responsablemente.

LOS HOMBRES PUEDEN FÁCILMENTE PREVENIR ABORTOS, PERO ELIGEN NO HACERLO

La mayoría de los abortos son electivos y se deben a un embarazo no deseado. Pero hay algunos abortos que se producen durante embarazos deseados, y sin excepción son desgarradores. El feto muere en el útero o tiene problemas médicos incompatibles con la vida o la madre tiene un problema médico que no permite que su cuerpo siga soportando el embarazo. Una vez más, estas circunstancias son desgarradoras y, afortunadamente, constituyen un porcentaje muy pequeño de los abortos.

Lo señalo porque los hombres podrían evitar fácilmente el aborto electivo, que son prácticamente todos los abortos, simplemente eyaculando de forma responsable.

Los hombres dirigen mayoritariamente nuestro gobierno. Los hombres son los que hacen las leyes. Durante casi cincuenta años, muchos hombres se concentraron en lo que supondría anular el caso Roe contra Wade, alegando que querían reducir los abortos. Y entonces, en junio de 2022, el Tribunal Supremo, formado mayoritariamente por hombres, anuló el caso Roe contra Wade.

Cinco décadas de trabajo. Es extraño cuando se piensa en ello, porque, si los hombres estuvieran realmente interesados en reducir el aborto, no sería necesario que pasaran cincuenta años. En cualquier momento, los hombres podrían haber eliminado los abortos electivos en muy poco tiempo, cuestión de semanas, sin tocar nunca una ley del aborto, sin legislar sobre los cuerpos de las mujeres, sin siquiera mencionar a las mujeres. Todo lo que tenían que hacer los hombres era eyacular responsablemente.

Decidieron no hacerlo.

Hoy en día, siguen optando por no hacerlo.

SABEMOS LO QUE FUNCIONA

No sé si este es tu objetivo, pero si quieres reducir el número de abortos en un país, tanto donde el aborto es legal como en donde es ilegal, tengo muy buenas noticias para ti. Sabemos cómo hacerlo. Tenemos buenos datos sobre lo que reduce los abortos, y no es magia.

La forma más eficaz y probada de reducir los abortos que conocemos es el control de la natalidad gratuito y accesible. Un gramo de prevención vale más que un kilo de cura.

Sabemos que, en los países en los que los métodos anticonceptivos son asequibles o gratuitos y están al alcance de todo el que los quiera, las tasas de embarazos no deseados son mucho menores. De hecho, actualmente, la tasa de embarazos no deseados en Estados Unidos es un 21 % superior a la media de otros países occidentales.

Pero no es algo que funcione en otros países y no funcione en Estados Unidos. Lo hemos probado aquí y sabemos que funciona. El estado de Colorado creó un programa que hizo que los anticonceptivos fueran gratuitos y de fácil acceso. ¿El resultado? Las tasas de aborto se redujeron casi a la mitad. Y no sólo en Colorado, sino también en San Luis, donde se puso en marcha un programa similar con grandes resultados. Además, estos programas pueden ahorrar millones de dólares. El departamento de salud de Colorado informó de que cada dólar gastado en esa iniciativa de control de la natalidad ahorró 5,85 dólares para el programa Medicaid de Colorado.

Además de los métodos anticonceptivos gratuitos y accesibles, una buena educación sexual es también una forma realmente eficaz de reducir los abortos. Lo vemos en los Países Bajos, donde la tasa de embarazo de las adolescentes es cuatro veces menor que la de las adolescentes de Estados Unidos. Las adolescentes holandesas también tienen tasas mucho más bajas de infecciones de transmisión sexual.

La razón principal de las bajas cifras en los Países Bajos es que el país exige una educación sexual integral para todos los estudiantes. Los niños reciben una educación sexual adecuada a su edad en cada curso. La información que reciben es médicamente precisa, y pueden hacer preguntas y obtener respuestas sinceras.

No es así como funciona la educación sexual en Estados Unidos, donde cada estado puede adoptar un enfoque diferente. Por el momento, algunos estados permiten la educación sexual, pero sólo con un enfoque en la abstinencia. Otros estados permiten la educación sexual, pero sólo se permite compartir información específica, y los profesores sólo pueden responder a las preguntas que entran en el plan de estudios específico aprobado. Y hay once estados que no exigen ningún tipo de educación sexual.

Es maravilloso que se disponga de datos sobre cómo reducir los abortos y que esté claro lo que ha tenido éxito. Y lo que es aún más esperanzador, estos esfuerzos (anticonceptivos gratuitos, educación sexual de calidad) se han realizado en un entorno que no ha considerado seriamente las eyaculaciones irresponsables como la única causa de los embarazos no deseados. Una cultura de eyaculación responsable, combinada con métodos anticonceptivos gratuitos y accesibles y una educación sexual exhaustiva, permitirá acercar el número de embarazos no deseados a cero.

Nota n.º 1

Algunos podrían suponer que los abortos terminarán en Estados Unidos porque se anuló el caso Roe contra Wade. No hay datos que lo confirmen. En los países que prohíben totalmente el aborto, las investigaciones muestran que hasta el 68 % de los embarazos no deseados siguen siendo abortados.

La anulación del caso Roe contra Wade no supuso una prohibición total del aborto, y algunos de los estados más poblados del país siguen permitiendo el aborto, lo que nos lleva a predecir que la estadística del 68 % será aún mayor en Estados Unidos. Los expertos creen que la disponibilidad de las píldoras abortivas que se entregan a través del correo federal también permitirá que los abortos continúen en los hogares, incluso en los estados donde el aborto está prohibido.

Dado que se ha demostrado que la prohibición del aborto es ineficaz, cambiar el enfoque hacia la prevención de los embarazos no deseados es un camino mucho más sensato e impactante para reducir los abortos.

CÓMO EMPEZAR A ACTUAR

Tenemos que cambiar las cosas. La vida de las mujeres está literalmente en juego. El caso Roe contra Wade ha sido anulado. Que las mujeres de Estados Unidos se vean obligadas a continuar con los embarazos no deseados ya no es algo teórico. Necesitamos urgentemente cambiar el discurso, y necesitamos ideas prácticas que se centren en la prevención de los embarazos no deseados.

He discutido los argumentos de este libro con miles de personas durante varios años. Por las respuestas que he presenciado a estas ideas, sé que la gente puede cambiar y que el discurso puede cambiar. Pueden cambiar rápida y profundamente. La información es nueva para muchas personas, y algunas se resisten a ella, pero la mayoría la asumen como un nuevo y mejor conocimiento, y abordan los futuros encuentros sexuales de forma más responsable.

EMPIEZA DONDE ESTÁS

Hombre, comprométete a eyacular responsablemente y ayuda a construir una cultura que espere que todos los hombres eyaculen responsablemente.

Insiste en el uso del preservativo cada vez que tengas relaciones sexuales. Experimenta hasta que encuentres un preservativo que funcione realmente bien para ti y para tu pareja, de modo que nunca sientas que es una chapuza cuando usas un preservativo. Guarda tus preservativos favoritos en tu mesita de noche. Guarda algunos en tu coche o mochila. Compra tus favoritos para tenerlos en casa de tu pareja. Si has descubierto métodos de lubricación y preservativos que funcionan bien, comparte lo que has aprendido para que otros puedan beneficiarse.

Pide cita para una vasectomía. Si tienes miedo de necesitar una reversión en el futuro, guarda tu esperma primero.

Si ya te has sometido a una vasectomía, habla abiertamente con otros hombres y mujeres sobre lo maravillosa que es, cómo elimina una enorme tensión que pesaba sobre los encuentros sexuales.

Si oyes a alguien bromear o hablar negativamente sobre los preservativos o las vasectomías, di algo como:

- Pero, en realidad, los condones son increíbles. Mucho más seguros. No quiero una ETS ni dejar a nadie embarazada.
- Sé que bromeamos sobre esto, pero nunca nunca nunca tendría relaciones sexuales sin protección a menos que ambos estuviéramos totalmente de acuerdo en tratar de concebir.
- Una vez que aprendí a usar los preservativos correctamente, nunca miré atrás.
- Es un mito que el sexo con condones sea malo.

CAMBIAR EL DISCURSO

Demostrando y hablando de un comportamiento personal responsable, podemos normalizar el uso del preservativo hasta el punto de que preguntar *¿Debo usar un preservativo?* se reconozca universalmente como una pregunta ridícula. Al igual que preguntar *¿Debo usar el cinturón de seguridad?* es ridículo.

Si a la gente no le gusta el cambio de conversación del cuerpo de la mujer al cuerpo del hombre, di: *No entiendo por qué una persona discute sobre responsabilizar a los hombres de sus acciones, especialmente si eso reduce los embarazos no deseados de manera importante.*

Si la gente intenta distraer la atención de las cuestiones centrales y prácticas, sigue devolviendo la conversación a la previsión del embarazo y a las eyaculaciones irresponsables.

No sermonees a las mujeres sobre su cuerpo mientras evitas las conversaciones con los hombres sobre su cuerpo.

Estas conversaciones pueden hacer que el debate nacional y mundial sobre el aborto se aleje de los debates improductivos sobre el cuerpo de las mujeres y se dirija hacia discusiones útiles y prácticas sobre lo que los hombres pueden hacer para prevenir el embarazo.

EXIGIR UNA EDUCACIÓN SEXUAL BASADA EN HECHOS

Tenemos que crear un movimiento que haga de la educación sexual una prioridad. Tenemos que exigir una educación sexual completa en múltiples puntos de la educación obligatoria.

Necesitamos un plan de estudios con descripciones claras sobre las diferencias de fertilidad entre hombres y mujeres y las implicaciones que éstas tienen para la prevención de embarazos no deseados.

Necesitamos un plan de estudios que especifique claramente que los espermatozoides provocan un embarazo y que haga de la eyaculación responsable una expectativa clara y universal.

Necesitamos un plan de estudios que eduque a los hombres sobre cómo utilizar el preservativo de forma eficaz y disipe la idea de que el sexo con preservativo no es placentero.

Tenemos que normalizar comportamientos, actitudes y conversaciones saludables y responsables sobre los hombres que gestionan dónde depositar el esperma. La educación sexual debe dejar bien claro que los hombres pueden eyacular casi en cualquier lugar menos en la vagina de la mujer.

Tenemos que enseñar todos los tipos de opciones de control de natalidad para hombres y mujeres, sus pros y sus contras, y qué opciones pueden funcionar mejor en las diferentes fases de la vida. Tenemos que luchar activamente contra el estigma del preservativo y la vasectomía.

Tenemos que señalar y romper las expectativas culturales y la problemática dinámica de poder en torno al control de la natalidad y el sexo.

Tenemos que dar a los jóvenes todo el espectro de información —lo bueno y lo malo— sobre el embarazo, el parto y la crianza de los hijos, y permitirles tomar decisiones con conocimiento de causa. Tenemos que dejar claro que no hay una forma fácil y sin riesgos de tener un bebé.

AUMENTAR EL ACCESO AL CONTROL DE LA NATALIDAD

Dado que sabemos que los programas de control de la natalidad funcionan, debemos hacer que el control de la natalidad sea lo más accesible posible.

Podemos hacer que los preservativos sean aún más accesibles.

Podemos financiar nuevas opciones de control de la natalidad para los hombres. (Los resultados del estudio sobre el control de la natalidad para los hombres que se comenta en el argumento 10 eran muy prometedores. ¿Qué más podemos explorar en esta línea?).

Podemos crear una demanda para que más médicos se formen en las últimas técnicas de vasectomía y de reversión de la vasectomía, de modo que podamos conseguir altas tasas de éxito para quienes lo deseen.

Podemos hacer que los anticonceptivos orales sean de venta libre —como lo son en cien países diferentes— y podemos luchar para que una amplia variedad de anticonceptivos sea gratuita en todos lados.

Podemos mejorar los protocolos de prevención del dolor en la inserción y extracción del DIU para que sean una opción más atractiva para más personas.

HACER QUE LOS POLÍTICOS RINDAN CUENTAS

Niégate a dejar que los políticos y los grupos políticos se pongan de acuerdo sobre el aborto. Que tengan claro que si se centran en las mujeres, o celebran una prohibición ineficaz, están perdiendo el tiempo de todos. Si realmente se preocupan por reducir o eliminar el número de abortos en nuestro país, tienen que mostrar cómo piensan prevenir los embarazos no deseados y responsabilizar a los hombres de sus actos.

En cada entrevista con un político y en cada debate político en el que se saque el tema del aborto, haz preguntas concretas: ¿cuál es su plan para evitar las eyaculaciones irresponsables? ¿Dónde están los programas de control de la natalidad gratuitos y accesibles? ¿Dónde están los programas estatales de educación sexual que explican lo peligroso que es el esperma? ¿Cuáles deberían ser las consecuencias legales para los hombres que provocan embarazos no deseados?

Llama a los políticos por su hipocresía, por utilizar el aborto como herramienta política. No dejes que desvíen la conversación con apelaciones emocionales. Oblígales a responder a preguntas sobre las medidas reales que están tomando y que han demostrado reducir los embarazos no deseados y las eyaculaciones irresponsables.

Desde que compartí por primera vez algunas de las ideas de este libro, hemos visto que las conversaciones han empezado a cambiar. Hemos visto que la gente se ha dado cuenta y ha aceptado el hecho de que los hombres son los causantes del embarazo y que pueden evitarlo fácilmente. La gente está viendo la inutilidad de centrarse en el aborto, el sinsentido y la hipocresía de avergonzar a las putas y los esfuerzos inmorales por regular y controlar el cuerpo de las mujeres, cuando, en cambio, todo puede resolverse con un enfoque singular:

Eyacula con responsabilidad.

NOTA

Gracias por leer *Eyaculación responsable*.

En este libro comparto muchos datos, estadísticas e informes. Si quieres buscarlos para verificar la información o para saber más, estás de suerte, porque tengo fuentes para todo. Este libro ha sido sometido a una exhaustiva y profunda comprobación de los hechos, y las notas finales de este pequeño volumen son casi tan largas como el propio libro. (Estoy exagerando, pero no tanto como podría pensarse).

Pongo todas las fuentes y URL demasiado complicadas en este enlace fácil:

workman.com/EjaculateResponsibly

Si quieres compartir tus ideas, etiquétame @designmom en Twitter o Instagram. Estoy deseando retuitear o interactuar con tus ideas.

AGRADECIMIENTOS

Es un libro pequeño, pero hay muchas personas que han ayudado a mejorarlo, y quiero darles las gracias.

En primer lugar está mi marido y compañero desde hace veintisiete años, Ben Blair, que es mi persona favorita. Ha sido mi mayor animador durante todo este proceso. Hizo una lectura cuidadosa utilizando sus habilidades de profesor de Filosofía, tomando notas minuciosas para ayudarme a estructurar los argumentos y decir lo que tenía que decir. Siempre recordaré las largas noches que pasamos juntos cuando el libro estaba a punto de terminarse y yo sólo estaba retocando palabras aquí y allá; él leía cada página en voz alta para que yo pudiera oír si algo era difícil de leer o simplemente no fluía bien, y se tomaba descansos cada pocas páginas para decirme cosas amables.

Quiero dar las gracias a mis hijos, Ralph, Maude, Olive, Oscar, Betty y Flora June. Ralph tenía veinte años cuando empecé a compartir las ideas de este libro. Flora June tenía nueve años. En aquella época no tenían ni idea de la frecuencia con la que su madre hablaba de aspectos muy concretos sobre las causas de los embarazos no deseados en plataformas muy públicas. Es un recordatorio de que los niños no pueden elegir a sus padres, y a veces éstos pueden escribir sobre eyaculaciones irresponsables. En los últimos años, extraños y conocidos, e incluso familiares, han exigido que mis hijos debatan con ellos sobre algo que he escrito, lo cual no es justo para mis hijos, y no es algo que hayan firmado. Y siento no saber cómo protegerlos mejor de este tipo de cosas. Agradezco la paciencia de mis hijos. Agradezco su entusiasmo cada vez que comparto un diseño de portada o una nueva edición. Y agradezco que hagan carteles de protesta que digan «Eyacular responsablemente» y «I ♥ Vasectomías».

Gracias a mi agente, Meg Thompson, que se aseguró de que este libro llegara a manos del editor adecuado. Meg escucha bien, me cubre las espaldas y es muy buena enviando correos electrónicos tranquilizadores cuando los necesito.

Gracias a mi editora, Lia Ronnen, que consideró este libro no sólo publicable, sino vital y urgente. Mi primera llamada telefónica con Lia sobre la posibilidad de escribir mi primer libro, *Design Mom*, fue hace doce años. Este libro es tan diferente de aquél como podrían serlo dos libros. Apenas puedo creer la suerte que tuve de que Lia entrara en mi vida cuando aún estaba descubriendo mi voz. Me ha empujado a escribir más y mejor, y ha tenido una visión de mis libros antes que yo.

Gracias a la buena gente de Workman Publishing. A Maisie Tivnan por la edición, que en realidad es una palabra elegante para ayudarme a pensar mejor. A Kim Daly y Claudia Sorsby, la editora y la correctora de hechos, por ayudarme a hacer las cosas bien. A Barbara Peragine y Janet Vicario, que se encargaron de la tipografía y la maquetación y consintieron mis opiniones. Gracias al equipo de marketing, Rebecca Carlisle, Moira Kerrigan, Claire Gross y Terri Ruffino. Hay muchas otras manos en Workman por las que pasó este libro y que ayudaron a traerlo al mundo; no las he conocido y no sé sus nombres, pero les estoy agradecida.

Gracias a la legendaria Bonnie Siegler, que creó el diseño de este libro, tanto de la portada como del interior. Ha sido un placer y un gran honor trabajar con ella. Su pasión por este trabajo y su cuidado por el diseño del libro, que coincidía con mi cuidado por los argumentos, es un regalo que no podría haber esperado.

Gracias a Laurie Smithwick, que me asesoró en el diseño y me dio una lección de historia sobre el tipo de letra Avant Garde.

Gracias a mi amiga Diana M. Hartman, que me ayudó a aclarar y ampliar mis argumentos. La dedicación de Diana a la hora de compartir estas ideas y su paciencia en innumerables idas y venidas con personas que presentaban tonterías sexistas sin parar mantuvieron las ideas vivas cuando yo estaba agotada.

Gracias a Laura Mayes, que saca tiempo para hablar de mis proyectos actuales y orientarme en la dirección más productiva.

Gracias a mis hermanos que comparten mi trabajo, me defienden y me apoyan. Antes de hablarle al mundo de este libro, envié un enlace por mensaje de texto a mis hermanos, y cada uno de ellos me respondió con un recibo de la reserva.

Gracias a mi madre, que ha sido una fuente constante de confianza durante toda mi vida. No siempre se siente cómoda con las cosas que escribo, pero me quiere igualmente.

Gracias a Samantha Bee y a la Dra. Jennifer Gunter por enseñarme el término *invierno del pene*.

Por último, quiero dar las gracias a Twitter, tanto a la plataforma como a las personas que la utilizan. No todo el mundo ama Twitter, pero yo lo veo como un lugar increíble para aprender. Se han roto mis prejuicios. He ampliado mi perspectiva. He encontrado puntos de vista importantes que no me habrían llegado a través de mi comunidad en la vida real. He discutido y debatido todo tipo de temas en Twitter casi a diario durante cuatro años. Ha sido un ejercicio para que mi escritura y mi pensamiento sean más claros y tengan más resonancia. Y estoy agradecido por ello.

Gabrielle Blair es la fundadora de DesignMom.com. Iniciada en 2006, ha sido nombrada página web del año por la revista *Time*, elogiada como uno de los mejores blogs sobre paternidad por *The Wall Street Journal*, *Parents* y *Better Homes and Gardens*, y ha ganado el premio Iris al blog del año. Su primer libro, *Design Mom: How to Live with Kids*, un *bestseller* del *New York Times*, se publicó en 2015. Gabrielle es también una de las fundadoras de Alt Summit, la exitosa conferencia anual para creadores de contenidos en línea y empresarios creativos, que se encuentra actualmente en su decimotercera edición.

Como líder de opinión durante más de quince años, Gabrielle ha escrito y moderado cientos de debates sobre temas difíciles y ha entrevistado a algunas de las personas más influyentes del mundo. Sus escritos se citan y comparten a diario en todo el mundo. Gabrielle y su marido, Ben Blair, tienen seis hijos: Ralph, Maude, Olive, Oscar, Betty y Flora June. Tras seis años en Oakland, California, ahora viven en Normandía, Francia. Puedes seguir a Gabrielle en Instagram y Twitter en @DesignMom.